UNA REINA COMO TÚ

UNA
REINA
COMO TÚ

FRANCISCA LACHAPEL

ATRIA ESPAÑOL

Nueva York Londres Toronto Sídney Nueva Delhi

ATRIA
ESPAÑOL

Un sello de Simon & Schuster, Inc.
1230 Avenida de las Américas
Nueva York, NY 10020

Primera edición en rústica de Atria Español, marzo 2018

ATRIA ESPAÑOL y su colofón son sellos editoriales de
Simon & Schuster, Inc.

Para obtener información respecto a descuentos especiales en ventas
al por mayor, diríjase a Simon & Schuster Special Sales al 1-866-506-1949
o al siguiente correo electrónico: business@simonandschuster.com.

La Oficina de Oradores (Speakers Bureau) de Simon & Schuster
puede presentar autores en cualquiera de sus eventos en vivo. Para
obtener más información o para hacer una reservación para un evento,
llame al Speakers Bureau de Simon & Schuster, 1-866-248-3049,
o visite nuestra página web en www.simonspeakers.com.

Impreso en los Estados Unidos de América

10 9 8 7 6 5 4 3 2 1

Datos de catologación de la Biblioteca del Congreso

Names: Lachapel, Francisca.
Title: Una reina como tú / Francisca Lachapel.
Description: Primera edición en rústica. | New York : Atria Español, 2018.
Series: Atria español
Identifiers: LCCN 2017044782 (print) | LCCN 2017046589 (ebook) | ISBN
    9781501164101 (eBook) | ISBN 9781501164095 (paperback)
Subjects: LCSH: Lachapel, Francisca. | Hispanic American women television
    personalities—Biography. | Television personalities—Biography. |
    BISAC: BIOGRAPHY & AUTOBIOGRAPHY / Personal Memoirs. |
    BIOGRAPHY & AUTOBIOGRAPHY / Cultural Heritage. |
    BIOGRAPHY & AUTOBIOGRAPHY / Rich & Famous.
Classification: LCC PN1992.4.L25 (ebook) | LCC PN1992.4.L25 A3 2018
    (print) | DDC 791.4502/8092 [B]—dc23
LC record available at https://lccn.loc.gov/2017044782

ISBN 978-1-5011-6409-5
ISBN 978-1-5011-6410-1 (ebook)

*Dedico este libro a Dios
por guiar cada uno de mis pasos,
a mi madre por impulsarme y darme alas,
y a todos los soñadores del mundo les dedico
con todo mi corazón esta historia, para que
nunca pierdan la fe y siempre recuerden
que los sueños sí se hacen realidad*

ÍNDICE

ÍNDICE

ÍNDICE

INTRODUCCIÓN

El 29 de marzo de 2015 escribí un tuit que decía:

> Yo quiero que Francisca trabaje en Despierta
> América #Mela #TeamFrancisca Ahhhh y que sea
> Nuestra Belleza Latina.

Desde que vi a Francisca Lachapel por primera vez en la pantalla de Univision me encantaron su sentido del humor, su inteligencia y su frescura. Sentí que en Francisca vivía un poquito de cada inmigrante en Estados Unidos.

Sentí que Mela, su personaje, debía vivir en *Despierta América*, el programa del que soy productora ejecutiva.

La mañana siguiente a su coronación, meses después de que le enviara al universo aquel deseo escrito en mi tuit, recibí una llamada de mi jefe:

"¿Todavía quieres a Francisca en *Despierta América*? Es tuya".

Hasta ese momento no la había conocido en persona.

Ese día ella visitaría el *show* como parte de la promoción y recuerdo que después de verla interactuar con los otros conductores del programa, le dije:

—Yo quería que fueras la reportera del pueblo. Pero tú mereces abrir las puertas de Univision todos los días en la casa más feliz de la televisión hispana.

Ese era su sueño y nadie más que ella lo hubiera podido hacer realidad porque Francisca Méndez, aquella niñita de Azua que se montaba al techo de su casa a dibujarle a Dios su propio destino, es de esas personas que se atreven a todo aunque sientan miedo.

Para Francisca no existe la palabra imposible.

Y de ese material es que están hechos los sueños que se cumplen.

En cada página de este libro hay una fórmula para alcanzar el éxito, una frase que te dejará pensando… Un deseo tan grande de superación que te hará entender perfectamente por qué el universo fue tan justo y le cambió la vida.

Este libro es la historia real de una niña que puso sus sueños por encima de un padrastro alcohólico, de la pobreza, del pánico a vivir indocumentada y de la burla cruel a la que fue sometida cuando se convirtió en persona pública. Esos sueños salieron de la República Dominicana envueltos cuidadosamente en fe, valor y esperanza y cruzaron intactos el Caribe hasta llegar a Nueva York y a Miami, donde se convirtió ella en una reina…

Esos sueños te los entrega hoy Francisca en estas páginas con la misma fuerza con la que los ha vivido.

INTRODUCCIÓN

Y su fuerza es tanta que estoy segura de que también impulsará a los tuyos para que una reina como tú también los haga realidad.

Luz María Doria
Septiembre 2017

Había una vez, en Azua

Tú no eres tan feíta —me dijo Julie sin mirarme. Tenía los ojos fijos en el televisor y, sin saber que me estaba cambiando la vida, me aconsejó muy seriamente:

"Deberías ir y participar en ese concurso, tú puedes ganar".

Recuerdo la fecha exacta: fue el 28 de agosto de 2010. En la tele de los Estados Unidos, estaban dando el primer episodio de la quinta temporada del certamen de Univision que cambiaría mi vida: *Nuestra Belleza Latina*.

Menos de una semana atrás, había dejado mi país, la República Dominicana, para vivir en los Estados Unidos, llena de sueños, sin dinero y con el deseo inmenso de cumplir una promesa que le había hecho a mi madre cuando salí de Azua, mi pueblo: que un día volvería con mucho dinero a nuestra casa, y que en el pueblo me recibirían con una gran caravana. Le prometí a mi mamá que yo volvería a Azua de la mano del éxito.

La realidad, una semana después de esa promesa, era que yo no tenía ni idea de qué iba a hacer en Nueva York y el único plan era ese que de pronto, y como si nada, se le había ocurrido a Julie para resolver el dilema con una sentencia que, al fin y al cabo, parecía bastante razonable: no soy tan feíta. No. Soy. Tan. Feíta.

Y podía concursar en *Nuestra Belleza Latina*.

Hasta hoy les juro que recuerdo perfectamente cómo me fui saboreando de a poco esa frase aparentemente cruel. Y entonces lo vi: iba a entrar al concurso *Nuestra Belleza Latina*. No solo eso: ¡iba a ganar! Con ese triunfo emprendería una carrera en el mundo del entretenimiento, en Univision, y viviría el sueño de salir de la pobreza, porque para eso había venido a los Estados Unidos…

Esa conversación de cómo iba a salir de la pobreza ya yo la había tenido muchas veces con Dios allá en mi pueblo.

Cuando todos dormían, yo me subía al techo de mi casa sin que nadie se diera cuenta y le decía a Dios:

"Óyeme bien lo que te voy a decir. Pero escúchame bien Tú a mí que necesito que seas el cómplice de mi plan para mejorar mi destino. Tú me vas a poner en mi camino a personas que me llevarán de su mano hacia el éxito, que me van a enseñar cuáles son mis fortalezas. Esas personas me harán crecer profesionalmente y voy a trabajar mucho para cambiar el destino de mis hijos. Sí, ya sé que estás confundido. Que yo no tengo hijos, pero cuando Tú permitas que cambie mi destino, estarás permitiendo que yo cambie también el destino de ellos cuando los tenga".

Quisiera decirles que aquí empieza la historia que les

quiero contar, que a partir de ese día en que decidí participar en un concurso de belleza nunca más perdí ese norte, esa brújula ambiciosa que me había impuesto. Quisiera decirles que mi vida ha sido bella. Pero no puedo. Esta historia empieza muchos años antes de que yo hablara con Dios en el techo de mi casa.

Esta historia empieza como empiezan muchas historias de éxito: con pobreza, dolor y muchos miedos.

—Francisca

UNA REINA COMO TÚ

UNO

La hija de Divina y el héroe de Azua

Comencemos por el principio: Yo soy la primera hija de Divina Montero y Gamelier Méndez. Se conocieron cuando Mami vivía en casa de su hermano, en Santo Domingo. Mi papá era chofer de un señor que tenía negocios, y como también era de Azua, todos los fines de semana le decía a mi mamá: "¿Quieres que te lleve a Azua?". Y ella respondía que no... Pero bien dicen que el que la sigue la consigue: de tanto ofrecerle el viaje a casa, un día Divina accedió, y así se conocieron.

Él tenía muchos años más que ella, pero eso era lo de menos. El verdadero problema era que Papi ya vivía con una señora —no estaba casado con ella, pero era como si lo estuviera— y tenía tres hijos, que después fueron nueve.

Sin embargo, cuando el amor llega, cualquier dificultad parece poca, y Divina y Gamelier se enamoraron perdidamente. Estuvieron juntos desde que ella tenía diecinueve años hasta dos años después de que nací yo.

Al principio todo era perfecto, casi idílico. Pero a mi mamá, como le pasa a tantas mujeres, se le hacía difícil creer que alguien pudiera quererla, que podía aspirar a ser feliz.

Mi mamá arrastraba problemas desde su infancia que la marcaron por el resto de su vida. Tuvo una hermana gemela que murió, creo que de meningitis, cuando tenía dos años, y Mami siempre dice, no sé por qué, que todo el mundo quería más a su hermana que a ella. Además, su padre, mi abuelo, existía de lejos: era un bohemio, uno de esos hombres que carga a su hijo, le hace monerías, le da cien pesos, le dice "te quiero mucho" y se va.

La pequeña Divina nunca tuvo un padre que estuviera ahí para ella. Pienso que todas esas cosas la afectaron. De hecho, cuando quedó embarazada de mí, pensó que Gamelier iba a pedirle que abortara. Pero nunca lo hizo. Todo lo contrario: Papi aceptó el embarazo con alegría y Divina, entonces, prometió amarlo incondicionalmente. En el fondo, le tenía un miedo atroz a la soledad y cuando este hombre llegó, se convirtió en su salvador y protector.

Papi le compraba todo, la cuidaba. Hasta el día de hoy Mami habla de él como el gran amor de su vida y dice que a su lado vivió sus días más felices, como si el tiempo se hubiera detenido ahí.

Cuando Mami estuvo segura de que no iba a perder a su hija, un día se tocó el vientre y me dijo que me quería.

—Desde que tú caíste aquí —me cuenta hoy tocándose la pancita—, yo te amé, sin saber cómo ibas a ser, y entendí que iba a amarte con todo mi corazón.

Mi papá y mi mamá vivieron juntos los primeros años,

pero Mami tenía una casa en Azua que su mamá le había regalado; de modo que luego de mi nacimiento, mi papá decidió hacer unos arreglos a esa casa y se mudaron allá juntos. Fue entonces que empezaron los celos. Gamelier ya no quería que Divina estudiara, ni trabajara ni hiciera nada. Prácticamente la tenía secuestrada y esto generaba grandes problemas entre ambos. Problemas que me imagino trataban de resolver en la intimidad porque diez meses después de mi llegada, nació mi hermano, Ambioris Rafael.

Las cosas para ellos, como pareja, seguían empeorando. Mi padre hacía malabares entre sus dos familias y, lógicamente, no podía darle a Mami toda la atención que ella deseaba, lo cual era motivo de constantes reclamos. No tengo duda de que, pese a todo, ella lo seguía amando.

Yo tenía cinco años cuando murió mi papá a causa de un infarto. El día que falleció yo tenía puesta una blusa roja. Lo recuerdo muy bien porque Mami dijo: "Quítenle eso a Fran, ella no puede vestir de rojo hoy". Y yo no entendía por qué. Ella lloraba en su cuarto sola, y cuando salió le pregunté el motivo de su llanto. Entonces nos tomó de la mano a mi hermano y a mí, y nos dijo: "Vamos a casa de su papá a despedirnos de él, porque se va a un viaje largo, se va al cielo".

Ninguno de los dos estaba muy claro de lo que estaba pasando. No recuerdo llanto ni emoción en particular, sino una gran curiosidad por saber qué le sucedía a la gente cuando se moría, adónde se iba.

Tengo muy pocos recuerdos de él y eso me entristece, porque habría querido conocerlo mejor y conservarlo fijo en mi memoria. De hecho, no recuerdo su rostro y, peor aún, en mi casa nunca hubo una foto suya. Lo que sé de él es lo que cuentan quienes lo conocieron, que lo describen como un hombre bueno y cariñoso con sus hijos. Dicen que siempre ayudaba a los demás, una cualidad que también tiene mi madre. Mi papá era una especie de héroe en Azua y todo el mundo lo quería. En cierto modo, había logrado tener éxito porque trabajaba como chofer para uno de los hombres más ricos de la República Dominicana y, por esa razón, tenía un poquito más que los demás. Mi mami me cuenta, siempre con ese brillo en sus ojos, que alguna gente iba donde mi papá con recetas del doctor, para que él se las comprara. Otras veces lo visitaban vecinos que no tenían qué comer y él les hacía las compras del mercado. En fin, Papá era un hombre bueno. Honestamente, creo en las bendiciones que se transmiten de generación a generación. He recibido muchas, no por lo que yo he hecho sino por cosas que hicieron quienes me precedieron.

Mucho tiempo después, cuando Gamelier ya no estaba entre nosotros, yo le pedía a Mami que me contara de mi padre, y cuando me decía que me parecía a él, sus ojos brillaban de felicidad, aun en los peores momentos. Me gusta pensar que mi hermano y yo somos producto de algo muy bonito, aun cuando las cosas entre ellos no funcionaron al final.

LA NIÑA DE SIMÓN STRIDDELS

Cuando mi papa murió, ya mi mamá y él se habían separado. Estoy segura de que para ella tuvo que haber sido una decisión muy difícil, siendo tan joven, pero evidentemente la relación no daba para más. Mi papá regresó a Santo Domingo, donde murió y doña Divina se quedó con sus dos hijos en la ciudad de mi infancia, Azua.

Azua es una provincia en el sur del país, de un clima caluroso pero seco, al que no fue difícil acostumbrarme. En casa vivíamos mi mamá, mi hermano Ambioris, mi prima Sujarni Josefina y yo. Ambioris y yo éramos como perro y gato, y nuestras peleas eran cosa de todos los días. Hoy nos queremos mucho y, sobre todo, nos necesitamos. Ambioris es un gran apoyo para mí y, además, me tranquiliza saber que está muy cerca de Mami. Sujarni es mi hermana de crianza y ha estado con nosotros desde que tengo memoria. En realidad, decir que es mi hermana es decir poco. Algunos años mayor que yo, asumió muchas veces el papel de madre cuando mi mamá se iba a trabajar lejos: nos cuidaba y aconsejaba con una mezcla de rectitud y cariño que añoro hasta ahora.

Los cuatro vivíamos en una casita del barrio de Simón Striddels. A simple vista, Azua no tiene grandes atractivos turísticos, pero su mayor tesoro está en su gente. Crecí rodeada de personas solidarias y de buen corazón y el barrio entero parecía una sola gran familia.

Era un lugar pequeño donde todo el mundo sabía la vida de todo el mundo, como suele pasar en pueblo chico. Pero cuando alguien tenía un problema, no había nadie que no ofreciera una mano. Podían estar muy interesados en los detalles de tu vida, pero les importaba más ayudarte a resolver dificultades.

De pequeña yo no era extrovertida, así como me ven

ahora, sino una niña muy tímida que daba la vuelta a la cuadra para no decirle "hola" a la vecina. Eso me lo quitó mi mamá diciéndome que los vecinos eran mi otra familia y que yo siempre debía ser amable para que los demás lo fueran también conmigo. Había un intenso calor humano en Simón Striddels y una cierta ingenuidad que siento que llevé conmigo cuando llegué a Nueva York ese 2010. Más importante aún, en Azua aprendí el amor a Dios que mi mamá me inculcó desde pequeña, y creo que gracias a mi fe pude sobrevivir a lo que vendría después.

Lo mismo puedo decir de mi abuela. Quienes la conocieron coinciden en que era una mujer trabajadora, emprendedora, que siempre ayudaba a los demás y los acogía en su casa, de modo que su generosidad es también un legado. Falleció cuando Mami tenía diecisiete años, pero siempre le había dicho a su hija que no podía morirse hasta darle su casa. Así mismo sucedió. Le compró la casa de Simón Striddels y a los pocos meses murió de cáncer.

Mami dice que soy una combinación de mi abuela y mi papá. Creo que todo el bien o mal que uno hace y todas las decisiones que uno toma pasan a las generaciones posteriores: hijos, sobrinos, nietos, todos. Yo tengo todo esto en cuenta cuando tomo decisiones, sin pensar solo en mí misma sino también en los que vendrán después. Puede ser una simple superstición mía, pero cuando más he necesitado ayuda, siempre ha aparecido alguien a ayudarme. Siempre. Yo veo en mi padre un ejemplo de desprendimiento que ha bendecido mi vida aun cuando apenas lo conocí.

Cuando perdí a mi papá, la muerte era un asunto nuevo

para mí y no comprendí en ese momento toda la enorme dimensión de su partida o la falta que podía hacernos a Mami, a mi hermano y a mí. Comencé a entenderlo cuando mi madre se volvió a casar, dos años después de su muerte.

ASÍ COMENZÓ MI VIDA EN EL INFIERNO

Un día mi mamá llevó a un señor mucho mayor que ella a nuestra casa. Se llamaba Porfirio. Nos dio una vuelta por toda la manzana en su motocicleta Motor 70, nos compró una Malta India, que era la favorita de los niños en ese tiempo, y una galletita de soda. Repitió esa rutina unas dos o tres veces y, al cabo de unos días, mi mamá nos llamó para decirnos que iba a casarse con él.

Sí, mi mamá se iba a casar con ese señor.

La boda ocurrió una semana después y al día siguiente —me acuerdo de que fue un sábado— ya ese señor vivía con nosotros. Recuerdo como si fuera ayer el día en que entró en mi casa, porque era muy extraño que de repente un desconocido llegue a vivir con nosotros al lugar donde yo había nacido, donde Mamá y Papá empezaron una vida juntos, aunque se truncara después.

En mi casa aún estaban todos los muebles y las cosas que mi padre había comprado y la verdad es que todo fue duro e invasivo.

Su llegada fue el comienzo de una pesadilla en nuestra vida.

Porfirio era un hombre alcohólico y cuando bebía, que era todo el tiempo, se ponía aterradoramente violento.

Y ahí comencé yo a vivir en el infierno.

Apenas al mes de casarse empezaron las peleas. Llegaba borracho, insultando a mi madre, ella perdía la paciencia y le daba golpes y él la lanzaba contra lo que fuera y se rompía todo en mi casa. Mi hermano y yo no entendíamos nada y tampoco Sujarni. Cuando él llegaba a casa, tiraba la puerta, empezaba a arrojar cosas al piso, a hablarnos mal, a maltratarnos a nosotros y a mi mamá, y ella se alteraba y comenzaba otra pelea. Así crecí, ese era mi pan de cada día. Mi vida era cada vez menos parecida a mis sueños. Yo no entendía por qué de pronto todo en vez de mejorar, se iba poniendo peor.

Al principio me daban ataques de nervios porque no entendía qué rayos estaba pasando. Mi hermanito se orinaba y se hacía lo otro en los pantalones. Mi mami y ese hombre se fajaban a los puños, como dos hombres, se lanzaban vasos de vidrio y esas lámparas de gas que se usan en los pueblos. Él siempre terminaba cortado y en el hospital, y mi mamá quedaba toda despeluchada por el forcejeo. Recuerdo noches en las que me despertaba violentamente al escuchar un golpe o algo que se caía y la taquicardia me estallaba en el pecho, porque las peleas se daban siempre en medio de la noche. Muchas veces teníamos que salir corriendo a medianoche a dormir a casa de una amiga de mi madre, porque este señor nos quería matar.

También recuerdo que nos aterraba que llegara la Navidad porque en esos días él estaba de vacaciones, lo mismo que en el verano. Era profesor y eso significaba que, al no tener que trabajar, pasaba mucho más tiempo en casa bebiendo todo el tiempo, no solo los fines de semana. Siempre terminaban peleando el 24 y 25 de diciembre, porque él llegaba borracho. ¿Se imaginan? ¡Éramos niños y nos asustaba que llegara la Navidad! En mi casa nunca se puso un arbolito navideño. Tampoco queríamos que llegara el 31 de diciembre. Ese día nos acostaban a las nueve de la noche. Porfirio no nos dejaba ver los fuegos artificiales y nos obligaba a dormirnos a cierta hora. Incluso había una hora estricta para ir al baño y si nos pasábamos de ahí, teníamos que dormir sin bañarnos. No se podía ni hablar cuando él estaba y, si lo hacíamos, empezaba un problema. Yo nunca quería que acabara la escuela porque no quería llegar a casa, y si estaba ahí, me aislaba en la habitación escribiendo o hablando con Dios de alguna cosa. Quería hacerme grande rápido para irme de ahí, o que Dios me permitiera ganar mucho dinero para ya no ser pobre y que mi mami pudiera echarlo.

En fin, era un infierno, un infierno del que yo quería escapar. No entendía por qué lo estaba viviendo, pero tampoco tenía la fuerza para irme. Al fin y al cabo, ¿a dónde iba a irme si era solo una niña? A veces le pedía a Dios que me llevara, porque no soportaba ver a mi familia sufriendo.

Sí, hoy lo confieso aquí públicamente en este libro es para que conozcas mi historia desde el principio y, si estás pasando por lo mismo, entiendas que sí puede haber un final feliz. Yo en aquel momento no lo pensaba así. Me quería morir.

Todos reaccionamos de manera diferente. Mi hermano, por ejemplo, reaccionó a esa situación con rebeldía. Se convirtió en un niño respondón y desobediente, y pienso que en el fondo desarrolló un fuerte resentimiento contra mi mamá y luego con quienes lo rodeaban. Mientras mi reacción fue sumisa e introvertida, él expresaba lo que sentía de un modo desafiante.

Hoy, tanto él como yo estamos más en paz con nuestra infancia, pero nuestra sanación espiritual es un proceso que dura hasta ahora. Ese hombre hizo muy amarga nuestra vida, muy amarga, tal vez sin quererlo, porque él era apenas víctima de una enfermedad horrenda como el alcoholismo. Cuando se le pasaba la borrachera, era una buena persona y trataba de ser amable con nosotros.

De todos podemos aprender cosas, de gente buena y también de gente mala. En el medio de todo, Porfirio me enseñó el amor por el estudio. Era un campesino que sabía mucho. Yo sé cómo comer en una mesa porque él usaba tenedor y cuchillo y yo decía "yo quiero comer como él, no en el patio, como otra gente".

Cuando estaba bien, me enseñaba cosas, no siempre tuve ese resentimiento contra él. Incluso, diría que, de los tres chiquitos que vivíamos en casa, yo era su favorita dentro de ese caos. Él podía hacer mucho daño, pero si yo lo miraba o le hablaba, era diferente. Teníamos esa conexión, no sé si es intelectual, pero en esos momentos de lucidez hablábamos. Sé que venía de una relación en la que su ex mujer le había sido infiel y creo que eso fue muy difícil para él y lo llenó de resentimientos. Sin embargo, en lo que cabe, nunca nos faltó un plato de comida desde que estuvo con nosotros y mi mamá pudo prepararse para ser maestra, que sigue siendo su ocupación hasta el día de hoy.

Nunca he culpado a mi mamá, que es el amor más incondicional que he tenido en mi vida. Sé que todo lo que ella ha hecho ha sido para protegernos a mi hermano y a mí. Es una mujer muy fuerte, quien, en su momento, entendía que las cosas no estaban bien en casa y trataba de aliviarnos la angustia haciendo sátira de lo que vivíamos. Por ejemplo, si este señor rompía un plato y se cortaba y se caía borracho, al otro día mi mamá se paraba frente a nosotros y recreaba la misma escena pero de una manera cómica y nos reíamos a montón. En ese momento todos nos convertíamos en actores en la casa, y esa era nuestra manera de lidiar con el dolor. Quién me iba a decir a mí que el dolor de mi madre me volvería actriz.

Mi mamá sacrificó mucho por sus hijos, y todo lo que vivimos con ese hombre, en cierto modo, se escapaba de sus manos. En ese entonces lo normal era que la gente de pueblo tomara decisiones sin considerar lo que los muchachos pensaran, convencida de que lo hacía para que los niños estuvieran bien. Mami quería darnos lo mejor, era una madre soltera, trabajaba muy duro por nosotros y, de hecho, llegó hasta a vender carbón en casa el tiempo que vivió con mi papá. Le tocó sobrevivir a la brava. En una moto llegaban unos sacos grandes de carbón, los poníamos en la casa y la gente venía a comprarlos porque se les acababa el gas o no les alcanzaba el dinero para reponerlo. Además de carbón, vendíamos guineos maduros y racimos de guineo. Siempre recuerdo que, en la casa, caminábamos entre los guineos y el carbón, con las naricitas negras por el tizne.

Mami se ocupaba de todo en nuestra casa de tres habitaciones, y yo sabía y entendía que en algún momento iba a necesitar ayuda, lo cual era lo que ella buscaba cuando se casó con ese hombre.

El hecho es que Porfirio no era feliz y, por consecuencia, nosotros tampoco, porque la felicidad es contagiosa, y la infelicidad también. Con el tiempo aprendí que el optimismo y la alegría se reflejan en quienes te rodean, y por eso trato de estar siempre de buen ánimo, enfrentar mis problemas y resolverlos tan pronto como pueda para poder ayudar a los demás y hacer sus vidas más bonitas o, aunque sea, *no tan feítas*.

EL DÍA QUE ESTALLÉ

Un día, Mami y Porfirio estaban discutiendo, como siempre, pero yo me sentía saturada, demasiado abrumada y a punto de estallar. Tenía doce años. Me entró de pronto un ataque de nervios y todo ese estrés que tenía lo boté como sacándome un demonio del cuerpo. Volqué todos los muebles de la casa gritando a todo pulmón que ya pararan de pelear, que estaba harta. Quedaron sorprendidos, hasta asustados. Mi mamá corrió a pedirme que me calmara, porque nunca me había visto tan fuera de control, sobre todo siendo tan pequeña. Era claro que ni siquiera imaginaba la dimensión de ese sufrimiento que me hacía sentir que iba a perder la razón. Entonces le dije gritando, llorando:

—¿Por qué tenemos que vivir así, sometidos a este maltrato? ¡Este señor ni siquiera es mi papá, ni siquiera es mi papá! ¿Por qué?

Y mi mamá me dijo algo que me marcó por el resto de mi vida:

—Cuando seas madre, me vas a entender; comprenderás la cantidad de sacrificios que una madre hace por sus hijos.

—Mami, ¿de qué sacrificios me estás hablando? —protesté. Y ella me confesó lo que parecía ser la razón de todo ese infierno.

—¡Yo no puedo criarlos sola, Francisca! No puedo conseguir el dinero necesario para que ustedes tengan una vida mejor.

¿A qué llamaba ella "una vida mejor"? ¿A que no nos faltara comida? Porque toda mi vida me puse cosas usadas. Mi mamá compraba mi ropa en un lugar llamado La Pulguita, un mercado callejero de vendedores haitianos en Azua, donde había ropa que enviaban de Estados Unidos a Haití. Yo crecí así y muchas veces ni siquiera tenía zapatos. Me compraban ropa cuando se rompía la que tenía. Es decir, no vivíamos ni de cerca en la abundancia, pero ella sentía que con la ayuda de este señor vivíamos mejor. Está bien, no nos faltaba comida, pero lamentablemente se destruían otras cosas. De modo que le contesté:

—Usted piensa que no nos falta comida, pero nosotros sufrimos mucho, ¡no merecemos vivir así! —Ella insistía en que yo no sabía de lo que estaba hablando, que no tenía hijos, que me callara, pero yo no paraba de hablar. Traté de disuadirla—: Mami, tú puedes trabajar como lo hacías antes, podemos vender carbón, yo te puedo ayudar, no tenemos que vivir con esta persona solo porque te da dinero o nos da comida.

Entonces me dijo algo que me marcó aún más, que exacerbó mi espíritu y ha tenido mucho que ver con quien yo soy ahora:

—Fran, las mujeres siempre necesitan a un hombre para vivir. Esta es una sociedad muy difícil y es imposible que una mujer pueda hacer cosas por sí sola.

En ese momento sentí que un volcán empezaba a formarse en mi interior. Me llené de resentimiento y, con doce años y sin saber nada de la vida, rebatí con furia lo que acababa de decirme:

—No es cierto, yo nunca voy a necesitar de un hombre para lograr lo que quiera. Puedo ganar mi propio dinero y seré una mujer independiente.

A partir de ese momento sentí que había un propósito en mi vida más grande que todas las adversidades que había tenido que enfrentar. Y esa determinación no tenía que ver solo conmigo sino también con mi familia, mi madre y mi hermano. Yo iba a ser la responsable de sacar a todos de la pobreza, la que cambiaría nuestra historia, aunque en ese momento no podía siquiera imaginarme cómo. Pero en mi cabeza sonaban las palabras de mi madre todo el tiempo como una sentencia que tenía que echarme abajo. De hecho —y esto es algo que nunca antes he contado—, por mucho tiempo esa niña que yo era anhelaba ser hombre para aliviarme la vida. Me decía: "Es que si yo fuera hombre, tendría dinero; si yo fuera hombre, haría esto o pondría tal negocio, porque ellos tienen todo más fácil". Al pensarlo crecía mi resentimiento, pero al mismo tiempo me repetía que algún día le demostraría al mundo que aquello que dijo mi mamá era mentira, que una persona no necesita a nadie para ser independiente y tener una vida digna.

Diría que ahí empezó mi hambre por *ser*, por *tener*, sin esperar nada de nadie. Con el paso de los años esa idea se hizo menos protagónica en mi memoria, pero la voluntad, la fortaleza y la determinación estuvieron siempre en mi subconsciente.

LAS LECCIONES APRENDIDAS

Lo que viví en mi casa de niña hizo que me acostumbrara al maltrato. Fue un patrón que cargué por mucho tiempo, no solo en mis relaciones de pareja sino con todos. Yo siempre era la víctima que se desacomodaba para acomodar al otro, una mujer negativa que esperaba lo malo de las cosas. Pasé mucho tiempo pensando que nunca ningún hombre iba a amarme, y de hecho las primeras relaciones que tuve, cuando me independicé a los diecisiete años, fueron tóxicas, llenas de machismo y engaños. Y para mí era normal porque era lo que yo conocía.

Sin duda, de esas experiencias de mi niñez saqué muchas cosas malas, pero también muchas lecciones. ¿Saben qué aprendí? *Que la gente siempre puede cambiar*, que la gente cambia cuando se lo propone. Normalmente te dices a ti misma: "Es que yo soy así; es que me comporto así porque salí así; aprendí a ser así de mi mamá". ¡No es cierto! Esas cosas se pueden cambiar.

Uno puede cambiar siempre y cuando lo quiera: yo lo hice.

Yo era una niña bastante insegura, de hecho todavía batallo con mi inseguridad. Eso no está mal, todos tenemos nuestras inseguridades, pero trato siempre de trabajar en eso. Como pueden imaginarse, crecí con baja autoestima, sintiendo que no merecía nada bueno, con un montón de complejos y miedos que me afectaron mucho. Pero todas esas cosas las fui arreglando cuando fui ganando conocimiento, cuando me fui educando, cuando fui acumulando experiencias en la vida, cuando me llegó el momento de tomar decisiones.

Aprendí que los padres son responsables de lo que pasa en la vida de los hijos. Aprendí que *ninguna circunstancia determina tu futuro* porque de aquella nube negra que viví, llena de truenos, relámpagos, lluvia y tristeza, pude aprender que, sí, esas eran mis circunstancias pero no mi realidad para siempre.

A veces vives en el caos, en una pesadilla de donde no tienes idea de cómo vas a salir y piensas que ese será tu futuro, tu realidad por siempre. Y eso es mentira. Tu realidad es lo que tienes en la mente, tu futuro es lo que quieres lograr, nada de lo que vives ahora determina dónde vas a estar mañana. Nada. Uno como ser humano puede cambiar su realidad. No importa cuán oscuro sea el lugar donde estás, cuán mal te veas emocional o físicamente: todo puede revertirse.

Lo que pasa es que cuesta mucho trabajo hacerlo, mucho compromiso y dedicación. La gente tiene mucho miedo a enfrentar su realidad, a ver su verdad, a reconocer sus defectos.

La gente tiene miedo a enfrentar sus propios miedos, pero

cuando lo haces se produce inmediatamente una liberación. Cuando aceptas todo lo malo que tienes, rápidamente empieza un cambio positivo. Lo que viví fue un infierno, fue lo que me tocó y ahora que lo cuento puede parecer una experiencia imposible de superar. Claro que todo eso me marcó, claro que dejó secuelas y miedos y tareas pendientes, pero aceptarlos fue mi única manera de sobrevivir, mirarlos cara a cara y darles pelea y así convertir esa realidad triste en algo luminoso. Si tuviera que enumerar las lecciones aprendidas, serían estas:

- Nunca sabes cuán poderosa eres. A veces pensamos que somos débiles porque no nos hemos enfrentado a una situación que revele nuestra fortaleza.
- El patrón del éxito es perder el miedo a saltar, salir de tu zona de confort y medir de verdad si podrás o no con lo que venga.
- Siempre habrá personas que te dirán que no vas a lograr lo que quieres, voces que invaliden tus sueños. A veces están dentro de tu propia familia. Pero debes entender que tal vez no ven lo que tú ves o quizás ellos también lo intentaron, no les fue bien y sufrieron. Es probable que quieran protegerte y evitar que sufras.
- Que algo no se haya hecho no significa que no se pueda hacer.
- La fe tiene un valor incalculable. Nunca pierdas la esperanza.
- Rodéate de gente positiva y absorbe sus energías. Yo, por ejemplo, leo libros que me mantienen positiva y me dan esperanza.

◆ Para alcanzar un sueño tienes que obsesionarte con él. Aun en circunstancias que no tienen que ver con ese sueño, tienes que comportarte como si lo estuvieras viviendo.

MI FIESTA DE QUINCE

La vida está llena de contrastes y mi fiesta de quince años fue un día absolutamente feliz. Cuando descubrí que existía una celebración llamada "quinceañero", la idea me fascinó, no tanto por la "presentación en sociedad" sino por la fiesta, ser el centro de atención por una noche y bailar y mostrar mi talento. De modo que me dije a mí misma que tendría mi propia fiesta de quince, espectacular, como la habían tenido otras niñas en mi barrio. Como sabía que mi mamá no tenía el dinero para un gran festejo, pensé que lo mejor iba a ser planificarlo con tiempo.

Con trece años, comencé a comunicarle la idea a mi mamá para planificar, ahorrar y hacer que todo saliera bien. Armé la lista de los chambelanes, amigos, vecinos y familiares, con año y medio de anticipación. Anoté cómo quería la decoración y el color del pastel. Incluso yo misma diseñé el vestido en bocetos.

El caso es que todo estaba perfectamente organizado. Se acercaba el 5 de mayo de 2004, día de mis quince, y después de dieciocho meses de preparaciones, le dije a Mami, muy cándidamente:

—Ya todo está listo. Tenemos unos seis meses para organizar el quinceañero, dime cómo lo vamos a hacer.

Ella vio la lista de lo que yo quería y me dijo:

—Fran, yo no puedo hacerte una fiesta de cumpleaños así tan grande como la quieres. Una fiesta conlleva mucho dinero y yo no lo tengo, hija. Perdóname, pero no puedo.

En ese momento, mis sueños e ilusiones cayeron al piso. Me deprimí por más de una semana y me pasaba el tiempo en mi cuarto. Estaba muy triste en la escuela, lloraba sola, me sentía avergonzada y muy decepcionada porque mis grandes planes terminaron en nada. Mi mamá me vio tan deprimida que me dijo: "Mira, no te puedo hacer tu fiesta, pero puedo llevarte a la capital, nos vamos de compras y te regalo las botas que quieres".

Efectivamente, yo quería unas botas vaqueras de cuero. Imagínense ustedes: en Azua, uno de los pueblos más calientes de la República Dominicana, yo quería esos zapatos. Recuerdo que en televisión veía a Belinda en *Amigos por siempre* y quería vestirme como ella. "Bueno, qué más da", le dije a Mami. Después de todo, no podía culparla, porque estoy segura de que si hubiera tenido la oportunidad de regalarme mi fiesta, lo habría hecho.

Mamá cerró su invitación: "Te llevo, te compro tus botas que tanto quieres, te depilo las piernas, te pongo uñas postizas y vamos al salón. Comemos y nos regresamos".

El día de mi cumpleaños partimos a la capital. Antes de irme, unas amigas me invitaron a un concierto para esa misma noche, a mi regreso. Iba a tocar Negros, un grupo que hacía música romántica, muy famoso en la República Dominicana. Mi mamá me dio el permiso para lo que iba a ser el primer concierto de mi vida. En la capital, me compró las botas, comimos y luego fuimos al salón. Estaba emocionadísima porque me dejaron depilarme las piernas, me arreglaron el pelo, me puse uñas acrílicas y me hice la *French,* la manicura francesa. ¡Me sentía ya toda una mujer! Luego, mi mamá me compró un conjuntito de falda con rayas rosadas en los bordes. Diez años después veo fotos de ese día y me quiero morir, pero en ese momento todo eso estaba bien de moda y yo por primera vez en mi vida me sentí preciosa.

Me sentí como una reina.

Cuando llegamos de la capital, yo venía peleando con Mami porque se me hacía tarde para el concierto. Noté un silencio extraño y eso me puso un poco triste. Cuando abrí la puerta de mi casa no pude creer lo que veía: ¡había decenas de personas soltando globos, gritando felices "¡Sorpresa!", bajo un marco de globos, globos, globos por todos lados. Toda la casa estaba decorada de color blanco y mandarina. Y cuando salí de mi incredulidad comencé a reconocer a todos los que estaban ahí conmigo: mi hermano, mis hermanos de padre, todos mis vecinos, mis amigos, mis profesores, ¡el barrio completo! Aquello fue espectacular porque cada una de esas personas tuvo la generosidad de aportar algo, aunque fuera un poquito, para hacer realidad los quince de mi vida. No tuve chambelanes, ni el baile, ni el vestido de princesa, pero fue el cumpleaños más hermoso de mi vida. Esa fiesta fue el resultado de un gran esfuerzo, un acto de amor, entrega, generosidad y compasión. En ese momento entendí que a veces uno es más querido de lo que uno piensa; que el amor que das regresa a ti en cualquier momento; que a veces las cosas no salen como las planeas, pero al final pueden ser igualmente bellas, o más —otra lección que me llevaría conmigo de por vida—.

MI SALVACIÓN, EL TEATRO

De niña siempre tuve libretas para escribir. Era lógico que en medio de ese caos encontrara una manera de escapar y las libretas fueron mi primera fuga de esa realidad. De hecho, de grande prácticamente tuve que aprender a hablar porque siempre estaba metida en mi mundo. Como una consecuencia natural de mi hábito de escribir, descubrí la lectura. Había una biblioteca cerca de mi barrio, que se convirtió en un refugio para mí, y allí descubrí un mundo gigantesco a través de la lectura y los personajes de los libros. Generalmente, yo vivía en un mundo muy protegido por mi mamá. Entonces, la biblioteca era mi espacio, donde satisfacía mis curiosidades y mis ganas de aprender. En esa época era un edificio viejo de dos pisos. Abajo tenía un teatro pequeño en el que cabían unas cincuenta a sesenta personas, y a su costado, un baño. Enfrente había un salón bastante amplio que se usaba para dar clases de baile, ejercicio o teatro. En la parte superior estaba la biblioteca llena de libros viejos —en su mayoría donados para los niños del pueblo— y al lado otro espacio donde también se daban clases de teatro, especialmente los domingos.

En ese lugar me sentía siempre feliz. Como si estuviera haciendo realidad ese plan secreto que me llevaría al éxito. Ese sueño que no se me salía de la cabeza, que me daba vueltas siempre. Sabía que tenía que prepararme y ese era el paraíso de mi sabiduría.

Después de la escuela, me metía en ese universo de historias fantásticas y sentía que, aunque sea por unas horas, mi mundo era perfecto. Hoy me doy cuenta de lo importante que fueron esos años, porque la lectura es educación y amplía tu mente y tus posibilidades. Y la educación es poder. Yo vivía fascinada con los universos que se podían crear en los libros, con esos personajes que parecían capaces de vivir las más increíbles aventuras y realizar las mayores proezas. No sé en qué momento sucedió, pero mi mundo real y el de las historias que leía parecieron fundirse en uno solo, un mundo más feliz.

En realidad, caí en la biblioteca por un curso que fueron a promocionar unos muchachos jóvenes y soñadores, que querían compartir lo que habían aprendido en un curso de teatro. Hoy puedo decir que esa fue mi salvación, no porque hubiera encontrado ahí una vocación —eso solo lo descubrí años después— sino por el hecho de comenzar a compartir una actividad con otros en un momento dramático de mi vida. Muchas veces vemos personas que se encuentran perdidas, deprimidas, sin saber qué hacer. Yo estuve ahí y les puedo decir que encontrar algo que les gusta hacer puede ser la salida de esa situación: actuar, cantar, pintar, bailar… Las actividades artísticas son una maravillosa forma de aprendizaje porque nos enseñan a ver y entender el mundo desde un punto de vista más amable, menos urgente y agobiante que las obligaciones de la vida diaria. Yo no sabía qué esperar del teatro cuando conocí a esos muchachos. Pero el tiempo me mostraría que ese oficio fue, nada menos y nada más, lo que me salvaría la vida.

A partir de entonces salía de la escuela y esperaba con ansias las cuatro de la tarde para irme al taller de actuación. Al principio no era muy buena porque era muy tímida y tuve que romper con ese obstáculo. Pero poco a poco fui encontrando en mi voz y en mi cuerpo formas de expresión que ni siquiera me parecían posibles. Me sentí capaz de hacer cosas nuevas y de atraer la atención de otros, porque el teatro es eso, entregarte a una audiencia, contarle una historia y lograr arrancarle emociones. Me esforcé tanto que me convertí en la primera actriz de ese pequeño grupo de teatro de Azua. Tenía dieciséis años. Siempre supe que debía prepararme y estudiar para hacer mi sueño realidad. Un sueño debe ir de la mano de la preparación, de lo contrario, es un simple deseo, y los deseos a veces se quedan en eso. Yo iba muy en serio con lo que quería. Todo el mundo en mi pueblo me conocía como "Francisca la del teatro", "Francisca la de la biblioteca". Mi necesidad de escapar del mundo real encontró un aliado en la actuación, se convirtió en mi forma de vida y me ayudó a salir de mí. Estar en esa biblioteca, en ese pequeño teatro, era la única felicidad que yo tenía.

Quedarme después de la escuela allí y volver a casa solo para dormir era mi mayor felicidad, porque actuando podía ser quien yo quisiera, podía jugar a ser feliz. El teatro me sacó de ese mundo gris que había en mi mente.

Mi primera prueba fue haciendo de una jueza cómica que bregaba con unas personas que no entendían el caso. Le di una personalidad distinta y fue tan chistoso que empecé a perfilarme como una actriz capaz. Mi reto más grande fue hacer un monólogo titulado *Encierro de locura*. Antes lo había hecho una chica muy buena que ya no estaba porque se había ganado una beca, y ahora mi maestro me lo confiaba a mí. Era una pieza aproximadamente de media hora.

Estudié como nadie ese libreto, tenía terror de que saliera mal y convertirme en la burla de toda Azua. Mi director me presionó de tal manera que lo primero que hacía al levantarme, en el recreo y antes de dormirme era ensayar el monólogo. Cuando finalmente me salió bien, él lloró de la emoción, se secó las lágrimas, me abrazó y me dijo que presionarme había sido su único recurso. "Ya puedes decir que estás graduada de actuación, que eres una gran actriz". Esas palabras significaron mucho para mí.

Llegó un momento en que mi mamá y Porfirio peleaban y yo ni siquiera me enteraba, porque estaba tan ocupada soñando en quién iba a ser, adónde iba a llegar, y qué había aprendido con algún papel que interpretaba.

En mis conversaciones con Dios comencé a contarle de la actuación y varios de mis sueños tenían ahora que ver con ese mundo. Le pedía que me ayudara a hacerlos realidad, pero no estaba segura de que me estuviera haciendo mucho caso. Y en aquellos momentos de frustración e impotencia, al ver que no ocurrían cosas que me hicieran inmensamente feliz como siempre le pedía, recurría a mi fe. Y repetía esa frase de "los tiempos de Dios son perfectos". Siempre terminaba mi conversación con Él diciéndole que yo confiaba en que me iba a escuchar…

Al final me demostró que me estuvo escuchando todo el tiempo.

Y así nace Mela, la Melaza… El teatro me permitió salir de Azua, conocer realidades más allá de mi pueblo. Nuestra compañía se llamaba Teatro Sur, y en varias ocasiones viajamos fuera de la República Dominicana para participar en festivales internacionales que se llevaban a cabo en pueblos de Venezuela, Puerto Rico y Cuba. Al principio, mi mamá se opuso a que viajara. Toda la idea del teatro le daba mala espina. Decía que las actrices se convertían en mujeres "de la vida" porque "se andan besuqueando con todo el mundo".

Mi director tuvo que ir a hablar con ella para decirle que yo era muy buena y que tenía futuro en esta carrera. Finalmente, me dejó viajar. Puerto Rico fue mi primera parada, y no me fui en avión sino en ferry, por mar. Nunca olvidaré ese viaje porque en la obra que interpreté allá, que se llamaba *Harina de un mismo costal*, terminé de darle vida a Mela la Melaza.

Su nombre original era Nelly, y era una mujer de pueblo muy divertida. Fue por ella que aprendí el acento campesino. Con el tiempo le di a Mela una personalidad distinta a la de Nelly y terminó cobrando vida propia.

Mi querida Mela la Melaza es eso: mi forma de hacer reír y sonreír a la gente. Mela es una mujer de pueblo, le falta un diente ¡y su vestimenta podría matar de horror a Osmel Sousa! Pero la gente se ríe con ella, se ríe tal vez de sus propios problemas, pero creo que siente, por lo menos, que Mela está de su lado. Y, por supuesto, yo soy feliz haciendo reír a los demás. Mela hace mi vida más bella y luminosa, pero fíjense en sus orígenes: podría jurar que Mela nació en esas nerviosas sátiras familiares cuyo verdadero objetivo era apagar las llamas de ese infierno en el que estábamos viviendo, que me dejó tantos miedos, inseguridades, complejos y problemas de autoestima.

Con el nacimiento de Mela, también renació Francisca. Puerto Rico fue una experiencia muy enriquecedora. A partir de ese momento supe que quería estudiar, prepararme, viajar, conocer el mundo, que era tan grande. Allí nació mi deseo por saber, que era como un hambre que no se me quitaba. "Hay algo más, hay algo más", me decía, "hay algo más en el mundo".

Tenía apenas diecisiete años.

En esos días yo estaba empeñada en ponerme frenos para enderezarme los dientes, que yo me veía ligeramente chuecos. De modo que fui a ver a un dentista para averiguar cuánto costaría el tratamiento. Su estimado era simplemente inalcanzable para mí: $21.000 (unos quinientos dólares). Entonces se me ocurrió que *Encierro de locura* podía ayudarme a reunir ese dinero. Calculé que si hacía el monólogo por tres fines de semana, cobrando un precio razonable por entrada y vendiendo palomitas y refrescos, podía juntar los $21.000 y acaso un poquito más, por si hacía falta. Así lo hice y esa pequeña temporada teatral fue un éxito. Y mis frenos también.

Ganar dinero hacía de la actuación un asunto más real, el fundamento de una posible forma de ganarme la vida. Yo amaba Azua, pero sentía que la capital podía ofrecerme mejores posibilidades para estudiar y trabajar.

Hasta ese momento no me había planteado siquiera la posibilidad de irme de mi pueblo, pero si yo quería ser una mujer independiente y ayudar a mi familia, tenía que hacer sacrificios, buscar nuevos horizontes. Me convencí de que ese era el paso lógico y responsable en mi vida. Ahora solo tenía que convencer a mi mamá…

No fue nada fácil.

Ella no quería, por ninguna razón, que me fuera a Santo Domingo, porque ese era un mundo muy grande, desprovisto de la calidez azuana. Ella insistía en que podía quedarme a estudiar en Azua, pero yo le decía: "Mami, estaré solo a dos horas, ¿cuál es el problema? Puedo venir todos los fines de semana". Pero su objeción no era solo por irme del pueblo sino también por el hecho en sí mismo de estudiar teatro. Para ella, eso era apenas un pasatiempo, no una profesión que pudiera tomarse en serio.

Mi mamá quería que yo estudiara para ser doctora, abogada o para dedicarme a los negocios. No la culpo: la vida de un actor no es fácil y desde fuera puede parecer riesgosa, hasta irresponsable. Sin embargo, ella no había visto lo que yo había visto, ni conocía la realidad que yo conocía desde adentro, donde las cosas se ven mucho menos fatales. En ese oficio había vida, cosas que hacer y peldaños que subir. Es más, ese oficio *me había salvado la vida*… pero eso solo lo sabía yo. Entonces le dije: "Si quieres un título, te voy a traer un título de comunicadora social y después me voy a estudiar teatro".

Finalmente nos pusimos de acuerdo.

Yo quería estudiar en una escuela privada, pero Mami me bajó a la tierra: "Yo no le voy a pagar colegio: usted va a la escuela, la Gregorio Luperón, y después se va al liceo y luego a la universidad".

Gracias a que fui una excelente alumna, estudié becada en un buen colegio sin que mi mamá tuviera que pagar un solo peso. El problema vino después cuando fui a la universidad. Me mortificaba la idea de que Mami me pagara la universidad porque yo sabía que ella no tenía con qué.

Le dije que pagara el primer semestre. Y le prometí que antes de que se acabara yo iba a conseguir trabajo, controlaría mis horarios y seguiría estudiando. Por el poder de la palabra, yo siempre decretaba lo que quería y Dios ponía en mi camino a la gente que yo necesitaba para hacer el plan realidad.

El plan era mudarme a casa de un tío, hermano de mi madre, que vivía en la capital y estuvo de acuerdo en recibirme. Pero pocos días antes de partir, cambió de opinión y dijo que no quería una mujer en su casa, que eso era mucha responsabilidad, que todas salían embarazadas y que él no quería ese tipo de problemas.

Mami y yo nos quedamos perplejas, pero no había tiempo para lamentaciones. En diez días comenzaban mis clases en la gran ciudad de Santo Domingo y yo no tenía dónde quedarme. Finalmente resolvimos el problema del alojamiento en una pensión modesta y comencé mis clases.

Me iba bien pero el problema era que el horario era poco flexible y yo quería tiempo también para trabajar. En cambio, en una universidad privada uno podía escoger su propio horario y disponer mejor de su tiempo.

Me esforzaba mucho, porque sabía que de eso dependía

mi vida. A veces miraba hacia atrás y me preguntaba cómo pude sobrevivir a todo eso. Nunca supe la respuesta, pero algo sí estaba claro y se me revelaba como un milagro, algo que solo Dios podía haberme dado: *yo estaba ahí*. Estaba estudiando, actuando, era independiente, después de todo, pese a todo. Ese era mi lugar en el mundo y el futuro brillaba ante mí como una llamarada.

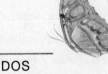

DOS

Adiós a Quisqueya

Los sueños que más recuerdo son aquellos donde pasan cosas imposibles. Será porque siempre he pensado que uno pone sus propias barreras y que no existe eso que llaman imposible.

Esos sueños *literalmente* imposibles me pasan a menudo.

A veces sueño que vuelo, por ejemplo, que me salen alas, me elevo del suelo y viajo de Miami a Azua, de Azua a Puerto Rico y de nuevo a Miami, como los superhéroes. Eso es lo maravilloso de los sueños, que no tienen límites, que todo es posible dentro de ellos.

Ya estaba estudiando en la universidad y las cosas se pusieron realmente mal. Además de estar en una pensión muy incómoda, donde apenas tenía estufa, cama y baño compartido, también seguía con el problema en la universidad al no tener horarios flexibles que no me daba tiempo para trabajar. El dinero apenas me alcanzaba para vivir, y llegar al fin de mes era un acto de magia. Un cálculo mal hecho y me quedaba sin pasaje para el bus.

Mi única alternativa seguía siendo transferirme a una universidad privada, donde los horarios eran más flexibles y me permitirían trabajar y ganar dinero. Dinero, dinero. Ese era mi fantasma, mi problema de todos los días. La educación privada era (y sigue siendo) carísima, de modo que mi dilema era un círculo vicioso: necesitaba trabajar; y para eso necesitaba entrar a una universidad privada; y para eso necesitaba trabajar; y para eso… ¡Ahhh! Tú que estás leyendo estas páginas sabes que eso ¡es desesperante!

Lo que hice fue buscar mi traslado a la Universidad Tecnológica de Santiago (UTESA), que entre las privadas era una de las más baratas. Lo conseguí, pero ahora trabajar era absolutamente necesario. Mi mamá simplemente no podía cubrir mis estudios y yo no quería abrumarla con más cargas. El dinero siempre fue un asunto tenso entre las dos. De alguna forma, ella pensaba que el dinero era algo malo y que quien lo acumulaba se olvidaba de los demás. Yo no. Yo creía que podía solucionar muchos de los problemas que no nos dejaban avanzar. Desde pequeñita, cada vez que Mami me daba dinero, yo le prometía que algún día, "cuando sea famosa, Mami", se lo iba a devolver, se lo iba a duplicar. A ella le daba gracia, porque no pensaba que eso pudiera pasar. ¡Ni yo tampoco!

Me decía: "Con ese cuento de que me pagas cuando seas famosa, me vas a quitar hasta el alma". Quién iba a decir que ese cuento ingenuo años después se haría realidad.

Poco después, encontré un trabajo en una tienda de ropa

que quedaba en la Plaza Central de Santo Domingo. La novia de un primo mío era la gerente del lugar y me consiguió ese empleo por el que recibía unos cien dólares al mes. Con eso me pagaba mis cosas.

TÚ DEBERÍAS ESTAR EN LA TELEVISIÓN

Como siempre hacía reír a los demás, creo que caí bien en la tienda.

Un día, la novia de mi primo me dijo: "Tú deberías estar en la televisión". Yo, que deseaba precisamente eso, no pude estar más de acuerdo con ella. Y agregó: "Aquí viene una presentadora de la 'tele' muy famosa. Le voy a pedir que te lleve a un *casting*, a ver si te toman. Pero tienes que ser así de payasa". Días después me llevaron a una prueba. Yo estaba muy nerviosa, pero encontré gente amable y eso me hizo sentir mejor. Recuerdo que mi papel era el de una india en medio de una selva, y tenía que decir algo cómico. Me disfracé y todo. Al productor le hizo gracia mi facilidad para improvisar, así que me tomaron y por un tiempo hice actuaciones humorísticas en la televisión dominicana.

Me pagaban unos cuarenta dólares, y aunque no daban para vivir, estaba en la tele y sabía que por algo había que empezar. La novia de mi primo me prestaba la ropa de la tienda para esas actuaciones. De hecho, a ese local iban muchas chicas que trabajaban en la televisión y hacían intercambio con la ropa que se vendía. Yo me beneficiaba de esto… pero un día la gerente rompió con mi primo y hasta ahí llegó la ropa bonita. Inesperadamente, su despecho alcanzó a toda la parentela del ahora ex y entonces volví a quedarme con la poca ropita que tenía.

Cosas de la vida.

Lo cierto es que cuando te pones en la dirección de tus sueños, el universo empieza a separarte de la gente que quiere quedarse en su zona de confort, y comienza el proceso de acercarte a aquellos que quieren volar.

Yo lo he vivido y ahora que lo analizo lo entiendo bien y todo tiene sentido. Los que quieren volar se abren paso y vuelan contigo. Los que quieren quedarse simplemente empiezan a plantearse excusas para no avanzar o para no apoyarte.

Y entonces te dicen cosas como que has cambiado, que eres diferente, que te estás volviendo loca, que no sabes lo que quieres, que no vas a ningún lado y de alguna manera comienzan a sabotear tus metas.

Cuando vayas caminando hacia el éxito debes tener siempre muy claro algo que es tan real como triste: sobresalir incomoda, genera en algunos el desasosiego de ver sus propias carencias, como si la alegría y los logros ajenos acentuaran la inercia de sus vidas. Y esto ocurre independientemente de lo que estés haciendo. No me refiero solo a ganar un concurso como *Nuestra Belleza Latina* o entrar a *Despierta América*, sino a cualquier forma de sobresalir, a cualquier tipo de logro.

Una decisión tan sencilla como hacer ejercicio o ir a la iglesia todos los domingos puede incomodar a unos cuantos que comenzarán a sabotearte de alguna manera. Les fastidia que empieces a moverte, porque los haces sentir obligados a caminar a tu ritmo, salir de su zona de confort. Y mi querido lector o lectora, pocos quieren salir de su zona de confort.

La realidad es que tener contento a todo el mundo o lograr que todos entiendan las decisiones que tomas es imposible.

Im-po-si-ble.

Y te lo digo yo que creo siempre que todo es posible. Llegará un momento en que te toque caminar solo y debes estar preparado para eso. Sin miedo. Porque la ley universal es que no existe manera de que te esfuerces al máximo, llores por tus sueños, pases del deseo a la acción, pongas tu mente y corazón en tus metas, sin distraerte, y Dios no te responda.

Dios premia, pero tiene que verte hacer tu parte para Él hacer la suya. Y nuestra parte es sencilla: realizar aquellas cosas que sí podemos controlar, como trabajar, leer un libro, tener una mejor relación con nuestros amigos. Dios está siempre ahí como testigo de tu ímpetu y tus ganas, ¿y sabes cómo te bendice? Haciéndose cargo de las cosas que parecen imposibles, como poner en tu camino a la persona correcta, o darte la oportunidad perfecta para llegar a donde quieres. Es lo que yo entiendo que pasó conmigo.

MI ENCUENTRO CON EL ÉXITO

En Santo Domingo estaba haciendo lo que me correspondía hacer. Estudiaba, ganaba dinero, aunque fuera poco, y estaba actuando. Además, vivía en la capital, y si quería sobresalir como actriz, ese era el mejor lugar. Pero no estaba contenta, la muchachita de Azua, Francisca la del teatro, quería más…

Mi vida iba a mil por hora. Podía mantenerme y pagar

mis estudios, pero me sentía todo el día sobre una cuerda floja. El último día del mes, tenía los cincuenta pesos exactos de la guagua: veinticinco de ida, veinticinco de vuelta. ¡Imagínate! Mi mayor fantasía era poder entrar a una tienda sin tener que fijarme en los precios, pero hacía cálculos y me bajaba rapidito de la nube: "Esta blusa me la puedo comprar en dos, seis meses", "estos zapatos, en ocho meses". Llegué hasta a vender empanadas en la universidad. Un novio que tenía en ese entonces las hacía muy buenas y yo las vendía. Sacábamos algo que no era suficiente, pero fue en ese momento que me salió lo de la televisión y con eso completaba mis gastos.

Me esforzaba para seguir creciendo, pero sabía que no tenía el físico de las mega divas de la tele dominicana (al menos, eso era lo que yo pensaba).

En el amor la cosa tampoco iba tan bien que digamos. Mi novio cocinero, que si bien tenía unos planes ambiciosos de hacerse el Amo de las Empanadas Quisqueyanas, resultó que quería el dinero para irse al parque o a la discoteca, y bebérselo completo. Así que, ¡pa'fuera!

En mi país yo siempre quise hacer las cosas bien, pero cada vez más sentía que todo estaba diseñado para que solo un pequeño grupo se beneficiara, que allá no había nada para mí. Es muy triste, porque miles de jóvenes dominicanos tienen muchísimo más talento que yo, pero no encuentran la oportunidad de desarrollarlo.

Entonces, un día me harté y dije: "Me vale madre la escuela, que estudie el que pueda, yo me largo de este país". No pensaba necesariamente en los Estados Unidos sino simplemente en un lugar donde pudiera aspirar a un mejor futuro.

Me habría ido a Nueva Zelanda o a la China para encontrarlo. ¡Adonde sea! El problema es que no tenía cómo…

Un día, conversaba con un amigo sobre mi mejor amiga, que estaba embarazada. Su esposo y ella estaban pasando muchísimas necesidades en el país, prácticamente no tenían para comer ni ropa ni zapatos ni dónde vivir, ni podían comprarle nada a la bebé. Ella vivía incómoda en casa de su madre y él, que tenía visa para Estados Unidos, en la suya. A mí me indignaba sobremanera y me enojaba que la gente tuviera la oportunidad de hacer cosas y no las hiciera. Estaba descargando toda mi rabia en esa conversación cuando dije:

—Si yo fuera esa persona y tuviera visa como él, me iría de este país a Estados Unidos y trabajaría incansablemente para ayudar a mi familia a crecer, alcanzar la estabilidad económica y ser feliz.

Mi amigo sabía que yo venía de una familia muy pobre y que apoyaba a mi madre económicamente (ella era maestra y lo había sido por muchos años, pero su sueldo no alcanzaba para mantenernos). Sabía también que yo vivía con el miedo de que a Mami o a Ambioris les pasara algo y yo no tuviera el dinero para ayudarlos.

Él me escuchó pacientemente, hasta que me preguntó:

—Si tuvieras la oportunidad de irte de la República Dominicana, ¿te irías y trabajarías para hacer realidad los sueños de tu familia?.

¡Qué pregunta! Sin pensarlo, le dije:

—¡Claro que sí! Me voy mil veces y trabajaría sin cansancio.

Ese hombre fue mi primer encuentro con el éxito, digámoslo así. Todos tenemos esa oportunidad en algún momento, y así como hay quienes la ignoran, existen también quienes deciden tomarla y cambiar su vida. Él era un hombre muy influyente en la República Dominicana y pensé que si él había alcanzado el éxito, entonces yo también podía. Al conocerlo, vi que los sueños podían convertirse en realidad. Antes de él, no recuerdo a nadie que me impulsara a ir por lo que yo quería. Tenía mis ganas, pero nadie se sentaba conmigo a hablar de posibilidades y de luchar por mis sueños. En mi círculo había gente buena y solidaria, pero nadie como este amigo mío. Y nadie extraña lo que no tiene. La única historia de éxito que yo conocía era la de mi madre, que de ser muy pobre había pasado a ser menos pobre y sostener a su familia contra viento y marea. Ella era una sobreviviente, pero yo sentía, no sé por qué, la necesidad de que mis esfuerzos trascendieran mi comunidad y llegaran tan lejos como fuera posible.

De las cosas que descubrí con esta persona, recuerdo una en particular: que la gente que aparecía *en la televisión* sí era real. De niña, pensaba que las personas de la tele eran todos extraterrestres que venían de otro planeta con la misión de pararse frente a cámaras. Él me mostró que nadie venía de Saturno a cumplir un importante y presunto encargo interplanetario, sino que era uno mismo quien cumplía su misión. A partir de entonces, le puse aún más ganas a las cosas, porque sabía que había un lugar adonde llegar, una meta que cumplir. Entendí la ley de la causa y el efecto: si hago esto, obtendré este otro resultado.

Él había salido de un barrio muy pobre de la República

Dominicana, llegó a Estados Unidos y creó allá una compañía muy importante. Y lo hizo solo en un país donde no conocía a nadie y tuvo que aprender un nuevo idioma. Luego regresó a poner su compañía en la República Dominicana. Andaba en un Mercedes-Benz del año, vivía en un *penthouse*, comía en los mejores restaurantes y vestía como quería. Y él había salido de un mundo parecido al mío.

Luego de escuchar mi respuesta, insistió en que el éxito no sería fácil y que debía estar preparada para grandes sacrificios.

Era cierto.

Él disfrutaba de su éxito, pero se despertaba a las cinco de la mañana, todos los días leía dos horas, se iba a dormir a las nueve de la noche y solo salía los fines de semana.

Ser exitoso es un trabajo a tiempo completo. Él me enseñó que siempre se ve el producto terminado, pero nadie se fija en el esfuerzo que hay detrás ni en lo que cuesta mantenerlo y seguir adelante. Con él aprendí ese tipo de responsabilidad. Tal vez por eso no le iba bien a todo el mundo, porque pocos quieren comprometerse con esa tarea gigantesca. La diferencia es que unos asumen el sacrificio, mientras otros ven mucho trabajo y vinculan su destino con una mera cuestión de suerte. Entonces vienen las excusas para no decirte a ti mismo que no asumes el compromiso requerido. Debes crear un plan para lograr lo que quieres, para poder ser asertivo.

Cuando te planteas una meta, pregúntate: "¿Cómo estoy ahora?", "¿Puedo llegar ahí?", "¿Tengo las herramientas?". Por ejemplo, cuando quise participar en *Nuestra Belleza Latina*, me hice varias preguntas y me di cuenta de que no estaba preparada. Estaba gordita, mi vocabulario era muy básico y coloquial, me faltaba mucho para poder trabajar en la televisión. Pues bien: a seguir preparándome, leyendo, aprendiendo, para convertirme en la persona idónea para llegar a esa meta.

VISA PARA UN SUEÑO

Mi historia de inmigrante es como la de cualquiera que busque visa para un sueño. Un poco por azar, un poco por el destino, ese camino se abrió ante mí de repente. Eso sí, siempre supe que me iría de la República Dominicana, no sabía ni cómo, ni adónde. No tenía visa ni familia en el extranjero, ni nada que me garantizara irme del país, pero en el fondo de mi corazón siempre lo supe.

Y ese día se fue acercando. Un día, mi amigo exitoso me dijo:

—Quiero que vayas a tal lugar, donde una persona te ayudará a preparar los documentos para tu entrevista en la embajada para irte a Estados Unidos.

Así de directo y claro. Eso fue como un balde de agua fría y apenas podía salir de mi asombro. Sentí un sinnúmero de emociones: ansiedad, nervios, miedo, porque una cosa es decir algo y otra es hacerla realidad. Como dice el dicho: "No es igual llamar al diablo que verlo llegar", y yo había sido honesta, pero salir de tu país para irte a otro, donde no tienes ni un primo lejano, significa mucho sacrificio y pesar. Es un camino difícil. Poco a poco el miedo se fue disipando y me concentré en la emoción de viajar, de irme, de conocer, de salir de la República Dominicana, donde, en ese entonces, yo no veía posibilidades para crecer.

Todos tomamos decisiones de acuerdo con nuestras experiencias, y pues, para mí, esa era mi única salida.

Mi amigo me dijo algo más: me advirtió que tuviera cuidado, que en los Estados Unidos podía distraerme por la facilidad con que se podía conseguir dinero allá.

—Debes tener claro qué son distracciones y qué son prioridades en tu vida— me advirtió.

Las distracciones pueden ser aparentes oportunidades para pasarla bien, llevar a algún lado un cargo de droga, salir todos los fines de semana a beber o empezar una relación apresurada. No quiero adelantarme a la historia, pero les cuento que a la semana de llegar, un muchacho mexicano me dijo: "Cásate conmigo". Si lo hubiera hecho, ahora estaría casada con él, tal vez con hijos, y no viviendo el sueño que después me tocaría vivir.

Hice todo tal como me aconsejó mi amigo. Fui a ese lugar y comenzaron a ayudarme a preparar mis papeles para sacar la visa. Las probabilidades de que me la dieran eran mínimas porque apenas tenía veintiún años, trabajaba en algo que no pagaba mucho y era estudiante universitaria. El caso es que esta persona me ayudó y hasta me puso dinero en el banco para que mi situación se viera más solvente. Recuerdo que lo conversé con mi mamá y ella estaba muerta de miedo. Se entendía. Mami es una mujer que vive tranquila en su espacio, en su casita de toda la vida, junto a sus vecinos de toda la vida, y no se plantea el mundo de una manera más amplia. Le emocionaba la idea de que me fuera a conocer, pero no quería que me quedara allá.

Casi llorando me decía: "Tú eres mi chiquita, ¿cómo te me vas a ir a un país donde no conoces a nadie? Si te pasa algo, ¿quién me lo va a decir?, ¿cómo lo voy a saber?, ¿cómo sé que vas a comer?, ¿cómo sé que vas a volver?".

Y su miedo mayor: "¿Qué pasa si me muero y no puedes regresar?".

Sus preguntas eran comprensibles, claro, pero yo le decía que lo hacía por nuestro bien y que alguien en la familia tenía que romper con la cadena de miseria, pobreza y escasez, aquello de esperar que otro coma para uno comer, aquello de nada más soñar y que se nos fuera la vida en eso. Le dije que ella había hecho un gran trabajo empujándonos a mi hermano y a mí hasta donde nos empujó, pero que ahora nosotros dos teníamos que hacer el trabajo para ayudar a la generación que vendría.

En la vida, cada persona empuja a su generación de una u otra manera, para bien o para mal, y eso es algo que yo había decidido desde niña, desde que Mami me dijo que "una mujer no puede sola": yo iba a empujar a mi generación para bien. Me repetía que a lo mejor no me convertiría en actriz, y no sabía si me iba a hacer famosa, pero tenía la absoluta certeza de que este movimiento iba a provocar un cambio positivo en mi vida y la de mi familia, los que están aquí y los que vienen. Se lo había pedido a Dios. Porque, independientemente de que mis sueños se hicieran realidad, yo iba a vivir en Estados Unidos y mis hijos iban a ser americanos, iban a tener otra realidad, iban a ver la vida de una manera distinta. Así se lo explicaba a mi madre. Ahí fue donde aprendí que todo en la vida tiene que ver con las decisiones, todo en la vida depende del movimiento que hagas.

La vida se trata de elegir: o bien te quedas sentada viendo cómo otros cumplen sus sueños, o bien te paras de la silla, mueves el trasero y vas en busca de tus sueños.

A mí todas mis razones me parecían razonables y hasta una demostración de templanza que debía enorgullecer a Mami. Pero, por mucho que trataba de convencerla, para ella era una locura. Hablábamos todos los fines de semana que viajaba de la capital a Azua.

Eran largas sesiones en las que trataba de conquistar su aprobación y su venia, pero ella lloraba, me decía que no y lloraba y no paraba de llorar. A todo esto, todas estas maratones de llanto y debate ocurrían sin que yo tuviera siquiera la visa en la mano. Y ustedes se preguntarán: ¿por qué tanto drama si no era seguro todavía que me iba a ir? Buena pregunta, la verdad. Es que me sentía como la Chilindrina en ese capítulo de *El Chavo del Ocho* en que toda la vecindad se va a Acapulco. Apenas se había inscrito en un sorteo para hacer el viaje y ella *ya estaba* buscando las maletas y echando ropa en ellas y haciendo planes ante la mirada incrédula de don Ramón, que no sabía si enojarse o aplaudir el entusiasmo de su hija. Así de segura estaba yo. Hasta que un día tuve que inventarle una mentira. Le dije: "Está bien, todavía no me han dado la visa, pero si me la dan, voy a ir y volver; estaré entrando y saliendo del país hasta arreglar mis papeles. A lo mejor venda algo por allá, venda ropa aquí, pero no me voy a quedar, ¿está bien?". Finalmente, Divina me creyó y se tranquilizó.

Era la primera mentira que le decía en mi vida.

¿CÓMO SÉ QUE NO TE VAS A QUEDAR?

Llegó el gran día de ir al consulado. La noche anterior fue agónica. Me la pasé orando y pidiéndole a Dios que, por favor, me dieran esa visa para irme del país y cambiar la vida de mi familia. Oré y oré hasta que llegó el momento de salir.

Me puse lo mejor que tenía, una camisa blanca de rayas moradas y un pantalón blanco fino, un estilo ejecutivo que dijera algo como, "Tranquilo, señor cónsul, confíe en mí". Tenía el pelo suelto y todas las ganas del mundo de que me dieran esa visa. Estaba muriéndome de nervios, pero creo que no lo aparentaba. Es lo menos que podía hacer siendo actriz. Dicen que no es lo que sientas sino cómo actúes. Así que llegué a la embajada, donde me encontré, recuerdo, con este hombre blanco, de ojos verdes, estadounidense, que me miraba fijamente con ojos de "vamos a ver qué quiere esta niña" y empezó a hacerme preguntas.

El muchacho que me preparó para la entrevista me había advertido: "No hables de más y limítate a pasarle los papeles". Y eso es lo que iba a hacer.

El señor me preguntó mi nombre y me pidió mis documentos. Revisó que todo estuviera bien y, aparentemente, lo estaba… pero, en el fondo, algo no lo convencía.

Y en medio de todo el estrés, pasó algo muy cómico. Mi nombre era tan largo que el cónsul lo decía todo enredado

"Francisca Antonia Méndez Montero…". Y me miró fijamente y me preguntó:

—¿Cómo sé que no te vas a quedar, que vas a regresar a tu país?

Recuerdo que respiré profundo y con mucha seguridad y entereza le dije:

—Es que todo lo que quiero lo tengo aquí. Tengo mi familia, mi trabajo, mi novio, todo. Lo único que quiero es la oportunidad de conocer tu país y punto.

El hombre me miró y con un acento bien gringo, concluyó:

—*OK*, su visa está otorgada.

Lo miré como si nunca, jamás hubiera tenido duda de que eso iba a pasar, le ofrecí una media sonrisa y cuando me di la vuelta, lo primero que pensé fue: "¡¿Qué carajos fue eso?!".

No lo podía creer. Mi visa llegó en una semana y me habían dado diez años de visado, claro con el límite de estadía de seis meses por viaje. Recuerdo que pensé que no necesitaba tanto tiempo, solo la oportunidad de salir del país, porque la decisión dentro de mí ya estaba tomada: Yo no iba a regresar a la República Dominicana hasta tener un poquito de dinero para ayudar a mi familia.

Llamé a casa en Azua y todos en mi familia estaban felices, contentos de ver que había conseguido lo que tanto quería. Me dieron la visa en julio y un 28 de agosto de 2010, Francisca Antonia Méndez Montero, la actriz del barrio de Simón Striddels, ya estaba camino al aeropuerto en una típica guagua dominicana, junto con toda mi familia y a un lado su maletas, en las que llevaba tantas esperanzas que apenas cabía lo demás.

Mi ciudad de destino era Nueva York, esa ciudad de inmigrantes donde tantas veces había escuchado que los sueños se hacían realidad. Nueva York, la legendaria, la que nunca duerme, el corazón del mundo, donde todo el que llegaba cambiaba su vida.

Era lo único que yo esperaba.

Pero cuando llegué al aeropuerto, mi avión ya se había ido.

Sí. Como lo leíste. Ese avión que yo había esperado toda mi vida me dejó.

Había leído mal el boleto del vuelo y me equivoqué al ver la hora.

En medio del alboroto que se armó en el aeropuerto, un amigo se ofreció a prestarme el dinero para que comprara otro pasaje. Mi mamá, en un último intento por disuadirme, me dijo que esa era una señal de que no debía irme.

Pero esa señal no era nada frente a todas las otras señales que me decían que mi futuro estaba fuera de la isla, lejos, aunque me doliera dejarla, de mi República Dominicana.

Cuando me despedí, mi mamá lloraba, todo el mundo lloraba, y quisiera decir que yo también. Pero mentiría: no lloré, nunca lloré.

Por mi mente solo se cruzaban preguntas: ¿ahora qué me espera?, ¿qué va a pasar conmigo?, ¿adónde me llevará esta decisión? ¿Podía estar haciendo lo correcto frente a esta escena triste de gente que lloraba mi partida?

En ese instante entendí que el camino para emprender algo en la vida nunca será perfecto, que no existe un momento perfecto o preciso para hacer las cosas. Simplemente tomas la decisión y todo se va armando en el camino y se va dando de formas imprevisibles, a veces difíciles, a veces conmovedoras o milagrosas.

Todo, absolutamente todo, se va dando.

En Nueva York me esperaba el contacto de mi amigo, un señor maravilloso que se convertiría después en mi ángel, y que me llevó con una señora que me abrió las puertas de su casa.

Era Julie, la mujer con la que empecé este relato, la que me dijo que debía participar en *Nuestra Belleza Latina* porque yo no era tan feíta, la que me hizo soñar con ser la primera dominicana que ganara ese concurso.

Sí. Yo sería Nuestra Belleza Latina.

¿Por qué no?

TRES

Y un día llegué a Nueva York

Cuando pisé tierra en los Estados Unidos decreté que estaba comenzando mi propio recorrido hacia ese punto donde mi vida tendría un antes y un después.

Llegué al aeropuerto Kennedy de Nueva York un 28 de agosto de 2010. Recuerdo que mi única preocupación era que la persona que me iba a recoger al aeropuerto estuviera allá afuera esperándome. Caminé rápido y recuerdo que respiré aliviada cuando me encontré con Julie.

Una vez que nos montamos al carro, me quería comer esa gran manzana con mis ojos.

Lo primero que recuerdo de mis días en casa de Julie, en Arden Street y la 207 en el barrio llamado Inwood en Manhattan, fue que comencé a entender la esencia de los hispanos, una comunidad de gente de muchos lados unida por el lazo del idioma. Fue hermoso pasar a integrar esa cultura, la cultura *latina*, que hasta antes de llegar a los Estados Unidos existía para mí de un modo menos concreto. Supongo que eso nos pasa a todos. Hasta ese momento yo había sido *dominicana*, pero en Nueva York vi y entendí que soy parte de un conjunto mucho más grande, diverso y maravilloso.

Julie fue inmediatamente amable y solidaria conmigo. Era una mujer quisquillosamente limpia, que ordenaba su casa con esmero y pulcritud. Diría que con ella aprendí a organizarme. Todas las mañanas salía a caminar y se arreglaba hasta lucir simplemente perfecta. Me aconsejaba: "Ve derecha, sé coqueta, mantente limpia". Y yo tomaba nota. Tenía un hijo, que también vivía en Nueva York, a quien ella amaba con locura. Era una mujer muy cariñosa, además de que cocinaba delicioso. Sin conocerme, me dio una habitación en su casa y confió en mí. Un día me preguntó: "¿Te puedo llamar hija?". Y yo le dije que sí.

A la semana de vivir en Nueva York ya sabía que existía *Nuestra Belleza Latina* y ya fantaseaba con ganar el certamen. Escuchaba los aplausos y me decía a mí misma: "Tú serás la primera dominicana que gane ese concurso…". Pero del dicho al hecho hubo un trecho larguísimo, una novela de la vida real con tantos vuelcos y apuros que, si miro hacia atrás, me cuesta creer que todo eso le pasara a una misma persona. Mi camino a la corona no fue una línea recta. Todo lo contrario. Eso sí, por nada cambio esa montaña de experiencias. Aprendí tanto en ese tiempo que creo que me hice experta en el complicado arte de vivir y sobrevivir.

Un día Julie me explicó al detalle, con el acento de mi tierra intacto en su voz, en qué consistía ese concurso de chicas lindas.

"Pues son unas niñas que van a una audición. Escogen a

doce, quienes logran entrar a una mansión, y en esa mansión pasan pruebas", dijo para empezar. Y prosiguió: "Todas las semanas el público vota por una y al final se lleva la corona la que la audiencia prefiere. A la que gana le dan un contrato para trabajar en Univision por un año y se hace famosa y todo".

Recuerdo que pensé: "¡Ese es el paquete completo de lo que yo he querido toda mi vida!". Si hubiera sido un certamen normal de belleza, la verdad es que no me habría animado a participar, porque esos concursos tienen una superficialidad que no me gusta mucho, pero *Nuestra Belleza Latina* en particular era la oportunidad de mis sueños. Y me dije: "*Wow*, llegué hace una semana y ya sé exactamente lo que voy a hacer". Prendí la computadora y entré en Internet para averiguar los requisitos para entrar al concurso y encontré un pequeño obstáculo: tenía que ser residente de los Estados Unidos. Sí, estaba legal en el país, pero en seis meses se me vencía la visa y me iba a quedar como indocumentada.

Estaba preparada para que eso pasara, así que pensé: "Bueno, este sueño tendrá que esperar". Le pregunté a Julie: "¿Eso se hace todos los años?". Me dijo que sí.

Era todo lo que necesitaba escuchar.

LA PEOR VENDEDORA DEL MUNDO

A la semana de estar en Nueva York encontré mi primer trabajo, como vendedora de ollas. Así como lo leen. Pero no eran cazuelas así nomás. Eran ollas Royal Prestige, lo último en tecnología culinaria. Si no han oído hablar de esa marca es porque no se encuentra en tiendas. Royal Prestige es una compañía de ventas directas, o multinivel. Puedes ganar mucho o poco vendiendo sus productos, pero el dinero bueno está en traer más y más gente a vender como tú. Por cada persona que reclutas te pagan un monto de dinero según un sistema de pago que a veces se me hacía un enredo.

El objetivo final era formar una legión mundial de comerciantes de ollas.

Y en esa legión estaba yo.

El proceso de venta era muy particular. Yo tenía un puesto en el supermercado Bravo del Bronx, en la 173 y Morris, donde exhibía los productos. Si alguien se interesaba, no le vendía las ollas ahí mismo, sino que le sacaba una cita para después, en su casa, soltarle una larguísima charla motivacional y recién entonces venderle las ollas, el negocio y la oportunidad de hacer toneladas de dinero... que era lo que *yo*, supuestamente, estaba haciendo. Trabajaba cinco días semanales, tres en Bravo y dos días acudiendo a citas, que podían ser en cualquier lado de la ciudad.

Estaba segura de que iba a amasar una fortuna, y con esa expectativa me olvidé poco a poco de concursos y coronas, y me convencí de que eso era lo que iba a hacer, que mi destino era vender ollas y, en poco tiempo, hacerme rica. Siempre que hablaba con mi mamá por teléfono le hacía unos cuentos fabulosos: "Voy a ser millonaria, ya verás, ya encontré la manera, tú vas a estar bien, te voy a hacer tu casa, te voy a comprar lo que quieras".

Era muy gracioso porque en verdad ¡era la peor vendedora del mundo! No podía vender las ollas simplemente porque, aunque eran de muy buena calidad, me daba tristeza pensar que la gente iba a endeudarse. Ahora que lo recuerdo y lo confieso me da hasta vergüenza pensar en mi manera de vender.

Muchas veces me vi, en vez de vendiendo ollas, sirviéndole de sicóloga a mis clientes, escuchándoles todos sus problemas. Al final, yo solita saboteaba mis ventas y, lógicamente, las cosas empezaron a ponerse difíciles. Cuando llené mi primera declaración de impuestos, resultó que en todo un año vendiendo ollas había ganado mil dólares.

Sobreviví, no me pregunten cómo.

Ahorré y estiré el dinero hasta las últimas consecuencias, de modo que veinte dólares me duraban hasta una semana y media.

Honestamente, no sé cómo sobreviví en Nueva York. Solo ahora, a la distancia, me doy cuenta de todo lo que aprendí, de que esos años fueron una escuela extraordinaria. El negocio de las ollas me ayudó mucho —quién lo diría— en mi desenvolvimiento, a perder el miedo a hablar a las personas, a presentarme, y eso fue fundamental cuando concursé en *Nuestra Belleza Latina* y me tocó pararme en un escenario frente a miles de personas en la audiencia y millones por televisión. Pero en aquellos días, parada en ese supermercado, ofreciendo ollas que ni siquiera podía vender, no podía ver nada bueno en mis tropiezos.

Frente a los malos resultados, lo lógico era dejar Royal Prestige. Pero no era tan fácil. No quería que pensaran que yo era una perdedora. Manejaban un discurso entusiasta, aquello de "tú puedes, no te des por vencida". La primera semana no me fue tan mal. Hice unos quinientos dólares en comisiones con la ayuda de mi distribuidor, que me supervisaba. Su nombre era Edwin Martínez, un hombre cristiano y entregado a su familia. Era realmente un hombre de Dios. Él me compró la tarjeta mensual del tren, que costaba cien dólares, me daba de comer, me celebró mi primer cumpleaños en Nueva York, y todo a cambio de nada. Desde que le dije que iba a participar en *Nuestra Belleza Latina*, comenzó a llamarme "la reina" y recuerdo que escribió en un papel: *"En este momento declaro que Francisca Lachapel será la reina"*. Con lo que gané con su ayuda abrí mi cuenta de banco y pensé que el trabajo iba a ser razonablemente fácil. Pero luego me tocó volar solita y las cosas se ponían cada vez más feas, se me acababa el dinero y empezaba a desesperarme.

Recuerdo que siempre le caía muy bien a las señoras mayores y por un tiempo ellas fueron mi modo de sobrevivir. Por una cuestión de orgullo, a nadie le confesaba que pasaba hambre o sueño, o que no tenía ni para lavarme el pelo. Al contrario: decía que estaba bien y solo Dios sabía de mis problemas. Ni siquiera se lo decía a mi madre, para no preocuparla. Esas señoras siempre me invitaban a comer y yo aceptaba fingiendo cierta pena. Era uno de mis métodos de supervivencia. Me tocó mudarme más de cinco veces en un año. A veces solo podía conseguir la renta de una semana, a veces nada, y entonces pedía que me dieran unos días para poder pagarles. El dinero me tenía en constante zozobra. Eso sí, siempre que ganaba cien "pesitos", le mandaba cincuenta o veinticinco a mi mamá, que me educó así, bajo la enseñanza bíblica de honrar a mis padres, y la idea de que a los hijos que son buenos con ellos les va bien en la vida.

Un día se acercó a mi puesto un muchacho que cuando me vio me preguntó:

—Amiguita, y esas ollas, ¿qué hacen?

Y yo le respondí, como a todo el mundo:

—Mejor dame tu número, anoto tu dirección y luego te hago una demostración.

—¿Y a qué hora ponemos la cita, como a las nueve de la noche? —me respondió. Ahí me di cuenta de que estaba relajando conmigo, y al final se rio y me dijo—: Es que estoy vendiendo esos mismos productos. Acabo de ir a una entrevista sobre esos mismos productos y quería ver cómo era.

Ahí comenzamos a hablar de cosas de la compañía y a partir de entonces iba todos los días a mi puesto.

Su nombre era Rocky y vivía cerca y se acababa de mudar de Miami a Nueva York a vivir con su familia y empezar de nuevo. Rocky iba a verme todos los días y descubrimos que teníamos muchas cosas en común. Comenzamos a salir juntos.

Conocí a muchas personas vendiendo ollas. Dos de ellas fueron una señora llamada Regina y Leynin, su hija. Hablábamos siempre y formamos una amistad que conservo hasta hoy. Una tarde, la muchacha me invitó a comer junto con su mamá. Cuando llegué a su casa, comenzamos a hablar y atando cabos me di cuenta de que eran la hermana y la mamá de Rocky. A ellas les encantó que yo estuviera saliendo con él, y a partir de entonces se volvieron mi familia. Querían que Rocky estuviera conmigo, pero él no estaba muy animado de empezar una relación. En realidad, yo era mucha carga para él. Venía de pasar muchas cosas en Miami y de una relación en Santo Domingo que no había terminado bien.

Al principio solo eramos amigos y me decía cosas como: "No sé por qué pasas tanto trabajo aquí. Yo que tú me regreso a Santo Domingo".

Tengo que reconocer que fui yo quien lo invitó a salir la primera vez y que yo lo besé a él la primera vez. No era lo ideal pero si conoces a un muchacho bueno —que además tiene una familia buena—, prefieres quedarte ahí. Ese calor familiar se sentía tan bien… Estaba como perdida en el desierto, pero sabía que después del trabajo tenía adonde ir; si tenía un *break*, podía ir a donde su mamá a tomarme un café; si se me hacía tarde, podía pedirle a su hermana quedarme en su casa. Me aferré a su familia. Sentía mucha soledad y mucho miedo por la decisión tan loca que había tomado. Podía ser muy valiente y todo, pero me sentía muy vulnerable. Comencé a pensar que venir a los Estados Unidos no había sido la decisión correcta, que iban a pasar veinte años y no iba a ver de nuevo a mi mamá, que iba a terminar en la calle. Muchas cosas pasaban por mi mente.

CON LAS MALETAS HECHAS

Al principio, Julie fue muy buena conmigo. La entusiasmaba tener compañía y asumió frente a mí un papel casi maternal. Sin embargo, las cosas se fueron deteriorando poco a poco. Supongo que en su soledad tenía una rutina y un orden, que se alteraban con la sola presencia de alguien más. Comenzó a ponerme restricciones de horario y de llegada a la casa, y yo la sentía cada vez más irritable.

Un día llegué a las once de la noche y se enfureció tanto que quiso levantarme la mano, como si fuera a pegarme. No lo hizo, pero en ese momento supe que me tenía que ir de ahí.

No la conocía bien y no era mi mamá, pero no quise echar a perder esa relación bonita que habíamos creado. Así que un día me fui. Después de eso mantuvimos una relación cordial, con la tranquilidad que nos daba la distancia.

De casa de Julie me fui a un cuartito en Queens donde vivía con unos colombianos. El lugar me gustaba mucho porque era un espacio pequeñito, entrañable y muy mío, donde nadie me molestaba ni se metía en mi vida. Pagaba $125 semanales, que era un precio bastante barato por una habitación. En ese tiempo los alquileres comenzaban en 100 dólares y de ahí subían hasta 175 por semana, que era el precio, digamos, *premium*, y que incluía hasta baño privado. Para mí, eso era un lujo que nunca pude darme. En realidad, ni siquiera podía pagar a tiempo los $125 del cuarto en Queens, de modo que tuve que irme de ahí también. Los colombianos eran buena gente, pero no aguantaban retrasos ni cuentos, ni el *tigueraje* dominicano, el "yo te prometo".

Me puse a buscar de nuevo y conseguí algo en Manhattan, en casa de una señora de nombre Aracely, que era un pan de Dios. La había conocido tratando de venderle ollas. Un día me contó que rentaba habitaciones y que tenía un cuarto vacío. Me fui a vivir a su casa y disculpó que yo no tuviera dinero para el depósito. Pagaba $150 semanales y recuerdo haber pensado que ese lugar era la gloria. Estuve con Aracely dos meses hasta que, de nuevo, comenzó a faltarme el dinero para la renta.

Cada vez la cosa apretaba más, pero no me daba por vencida. Aún en medio de esos días grises, me veía regresando a Azua un día soleado y en medio de una gran caravana.

Era lo que le había prometido a mi mamá.

La realidad era otra. Como no tenía dinero, me tuve que ir y Aracely, casi llorando, me dijo: "Yo quisiera que te quedes, pero necesito esa ayuda. Te tienes que ir".

Empaqué mis cosas, salí de su casa sin rumbo fijo y fui a dar a un parque que quedaba cerca. Pensaba: "Dios mío, ¿y ahora?". Me senté a llorar, sin saber adónde ir, ni qué hacer. Llamé a un amigo, y luego a una amiga y ninguno contestó. Nadie que me conociera en Nueva York respondía el teléfono. Estaba sola y eso hacía mayor mi desesperación y desconsuelo. Recuerdo que pensé: "Bueno, si me toca dormir aquí en el parque, *I don't care*. Ya mañana encontraré dónde ir".

Pero en la vida suceden cosas increíbles. En ese momento, pasa un señor que me vio triste, sentada, como pensando qué hacer, y se me acercó a preguntarme: "Pero, ven acá, ¿tú no eres la hija de Divina?". Y yo sentí como un sacudón muy extraño que me traía de vuelta al mundo real. Pensé: "¿De Divina...? ¿Y este señor cómo me conoce?".

Resultó ser amigo de mi mamá. Es más: los dos habían hablado hacía unos días y ella le había dicho que su Francisca estaba en Nueva York. Se llamaba Alberto. Le expliqué mi problema y le pedí que, por favor, no le dijera nada de eso a mi mamá. Entonces me contó que su sobrino vivía con él y que, casualmente, dos días atrás se había ido a la República Dominicana y que tenía un cuarto vacío en su casa donde podía quedarme, por lo menos hasta que el muchacho regresara. Me advirtió que no había cama en ese cuarto, pero a mí no me importaba: yo lo que quería era no tener que dormir en la calle.

Alberto fue muy amable conmigo. Era muy conversador, demasiado, ¡no paraba de hablar! Ya estaba retirado y se había comprado una casa que dividió en cuatro apartamentos, que él alquilaba. Con eso vivía. Siempre me preguntaba cómo estaba: "¿Cómo están esos ánimos?, ¿qué vas a hacer?". Incluso, para ayudarme, trató de casarme con un hijo suyo, pero la verdad es que no nos gustamos. Al cabo de un mes, regresó el sobrino y de nuevo me tuve que ir. Ya ni siquiera desempacaba mis maletas. Por un año anduve con las maletas hechas porque sabía que en cualquier momento iba a tener que mudarme una vez más, por falta de dinero.

Solo en un año me mudé como cinco veces.

Si te mareaste con tanto cambio de casa, te entiendo. Yo también me mareo cada vez que me acuerdo de esos días.

EL PRETENDIENTE VUELVE A LA CARGA

En esos días había muerto el esposo de la mamá de Rocky y, al verse sola, la señora me propuso ir a vivir con ella. Yo la ayudaba a limpiar y cocinar, y ella me pidió que no me fuera, porque sabía que yo estaba mal, y me quedé por su generosidad y porque no tenía adónde ir. Después de todo, allí tenía un techo seguro y comida. Mi trabajo con las ollas iba terrible y Rocky también la estaba pasando muy mal. Aparecía y desaparecía de mi vida a cada rato, y muchas veces, cuando me llamaba, yo tenía el teléfono cortado por falta de pago, de modo que él me lo pagaba para poder hablar conmigo, para verme y todo lo demás.

Un día su negocio se puso realmente fatal y tuvo que irse a vivir con su mamá (y conmigo) y comenzamos a relacionarnos más cotidianamente. La señora comenzó a tratarme como la esposa de su hijo, pero él, definitivamente, no estaba feliz con esa situación. Creo que, como a muchos hombres, le aterraba el compromiso y trataba de estar el menor tiempo posible en la casa. Yo acepté la situación e intenté ser comprensiva. Después de tantas cosas que me habían pasado, la vida me lo había puesto en el camino. Era un buen muchacho, su familia me quería, y esas cosas buenas me ayudaron a adaptarme a esa situación y a idealizar, sin proponérmelo, a la persona que tenía conmigo. Creo que todo eso se combinó con mis inseguridades y la falta que me hacían mi familia y los amigos que dejé en mi país.

El hecho es que, poco a poco, y como les pasa a tantas mujeres, comencé a olvidarme del príncipe que siempre quise.

Una vez, de pequeña (tendría como doce años), le escribí una carta a este príncipe que todavía no conocía, y se la mostré a mi prima Jennifer, que es mi mejor amiga. Le dije: "Ven, tengo que enseñarte algo muy importante". Yo tenía una cajita donde guardaba todo lo que escribía, así que la abrí y saqué la carta donde describía a mi príncipe, una carta para él.

Miré a mi prima muy seria y le confesé:

—Cuando lo conozca, se la voy a entregar y le voy a decir: "Siempre te pedí así". (¡Yo sí era cursi!).

—Tú estás loca —me dijo Jennifer—, ¡los príncipes no existen!

Eso me hizo sentir tan mal, como que alguien estaba pisoteando mis ilusiones.

—¡Claro que sí existe! —le respondí—, ¡él va a llegar!
—Lloré y todo, y después doblé la carta, la volví a guardar en la cajita y murmuré—: No importa, yo sé que va a llegar.

Pero mi príncipe se estaba demorando. Yo estaba en Nueva York, habían pasado no sé cuántos años de aquella carta y el príncipe impuntual no daba señales de vida.

Al mismo tiempo, la mamá de Rocky comenzó a pedirme que aportara dinero a la casa, porque su situación tampoco era estable y necesitaba alquilar el cuarto donde yo dormía. La presión fue creciendo y llegó un momento en que yo ya no quería comer ni beber agua, para no ser una molestia.

Yo no sabía cómo vender las ollas y sin dinero no podía cambiar la situación en la que me encontraba. No me quedaba más remedio que aceptar lo que me estaba pasando, un escenario que me hacía sentir que no tenía dignidad, que era tan poca cosa, tan poca cosa, que no valía nada. Pensaba: "¿Qué tengo yo de malo si soy buena persona? No puedo vender una olla, no soy buena para esto". La solución era difícil pero sencilla también: buscarme otro trabajo, salir a la calle a buscar dinero y vivir decentemente.

¿DÓNDE ESTÁ FRANCISCA?

Me habia hecho amiga de un vendedor de ollas llamado Arturo. Lo llamé a él y a una amiga para que me ayudaran a irme de esa casa, y lo hicieron con gran desprendimiento. A mi amiga le habían dado un apartamento de renta controlada y estaba a punto de mudarse, y al verme en ese problema, decidió cederme el cuarto que estaba a punto de dejar. Me preguntaba:

—Pero, ¿de dónde vas a sacar el dinero para pagarlo?

Y yo le decía:

—No sé, pero algo haré.

Arturo pasó a recogerme al apartamento de la mamá de Rocky, donde viví tres o cuatro meses que me parecieron años, siglos. Me ayudó comprándome una cama inflable y esa noche me quedé en su casa, donde vivía con su madre.

Finalmente me fui a la habitación que había sido de mi amiga mientras Rocky me seguía buscando.

Y yo seguía buscando desesperadamente cómo triunfar en la vida. Un día lo decidí: ¡Al carajo el *artistaje*, la actuación! Disculpen mi francés. Lo que quería ahora era ganar dinero, tener una casa, un carro, ayudar a mi mamá y todos los diciembres regresar a Azua como la de la canción "Volvió Juanita". Me decía: "Voy a tener a mis hijos acá y entrarán a la universidad. ¡Ya!".

COMENZAR DE NUEVO... DE NUEVO

Poco tiempo después, encontré trabajo en un restaurante en el Bronx, donde comencé a ganar dinero y me llevaba muy bien con todo el mundo. De hecho, ahí descubrí un talento que no sabía que tenía, porque para atender al público se necesita cierta disposición y a mí me encantaba atender a los clientes y asegurarme de que pasaran un buen rato con nosotros. Trabajaba todos los turnos porque ese era parte de mi plan: juntar dinero y recuperar un poco del tiempo perdido. Mis compañeros, además, siempre me trataron bien y sentí, como tantas otras veces, que ese finalmente era mi lugar.

Rocky iba todos los días a comer al restaurante. Poco a poco volvió ese amigo del que me había enamorado antes. Me decía: "Tú eres mi boleto de la buena suerte". Para él, yo era la mujer fuerte que buscaba el éxito, y no tenía reparos en decírmelo: "Tú y yo podemos hacer muchas cosas juntos".

Y decidí retomar nuestra relación. Sin embargo, aquello era lo más lejos de una historia de amor que te puedas imaginar. Ya las cosas no eran las mismas y si bien su actitud era diferente, yo como toda mujer tomé precauciones para que no pasara lo de antes. Sí, esta vez iba a ser diferente: no iba a olvidarme de que yo quería más.

Un día, un muchacho que también vendía ollas me dijo que podía ayudarme con los papeles… pero a cambio de un dinero que yo realmente no tenía. Intenté reunirlo, pedirlo prestado, pero al final este plan también quedó en nada. Ese fue el periodo de mi vida en el que perdí la fe, porque a veces es válido perder la fe, tocar fondo para darnos cuenta de dónde estamos, qué tenemos y con quién contamos. A veces sucede que nos atrapa el desaliento, y está bien: todos los seres humanos tomamos decisiones que luego lamentamos. Mentiría si dijera que nunca me arrepentí de haberme ido a los Estados Unidos; creo que eso es algo que todos los inmigrantes sentimos en algún momento. Yo me arrepentí el primer día que lloré. Nunca antes lo había hecho, ni siquiera el día en que me fui del país. Lloré el 28 de febrero de 2011, cuando venció mi plazo de estadía y supe que ya no podía regresar a la República Dominicana.

Finalmente me había quedado indocumentada.

"¿Qué he hecho, Dios mío?" me preguntaba reprochándome. La vida no era fácil en Nueva York y ya no había marcha atrás. Legalmente podía salir, pero no podía regresar porque había agotado mis seis meses de permiso.

Me sentía atrapada.

En mi cabeza tronaban las palabras de mi amigo exitoso. Durante ese tiempo comencé a beber mucho. Una vez alguien me dijo que estaba prácticamente alcoholizada, y yo lo negaba. Estaba tan inconforme con mi vida que ese era mi escape, mi remedio para olvidarme de todo. Mi círculo era decadente, incluso conocí a varios vendedores de drogas. Tomaba hasta perder la conciencia y al otro día hablaba con otros sobre la noche anterior y me decían: "Te emborrachaste, y fulano te llevó a tu casa". Yo ni siquiera me acordaba. Eso era cosa de todos los fines de semana y a veces hasta lunes o martes. Durante ese tiempo hice a un lado mis sueños. Estaba tranquila en el restaurante porque tenía que sobrevivir, pero reconocía esa música por dentro, que a veces suena más bajo que otras, pero que nunca deja de sonar: "Ay, Fran, ¿vas a beber de nuevo?". Entonces la ignoras, pero al poco tiempo regresa: "Ven acá, ¿y el sueño que tenías de ser famosa y ayudar a los demás?". A lo que me contestaba: "Sí, ajá".

Fue un tiempo de rebeldía porque estaba enojada con Dios, con la vida, con todo. Pude haber generado una adicción y, si no hubiera sido por *Nuestra Belleza Latina*, no sé qué habría sido de mí. Pensaba que iba a ser más fácil, o por lo menos no tan difícil. En Nueva York no tenía ayuda y me enfrentaba al mundo sola. Mucha gente sí la tiene: mamá, papá, alguien. Yo no: yo era mi sostén y el de otros, y eso me enojaba. No me alcanzaba el dinero y en esa soledad dudaba de poder llegar a sentirme plena en algún momento.

Se repetía la historia de mi familia: para que otros caminaran yo tenía que quitarme los zapatos. No veía salida y eso me robaba las fuerzas. No podía creer que hubiera nacido para eso, que, después de tantos sueños maravillosos, mi destino fuera trabajar de restaurante en restaurante. No había nada indigno en ese empleo, por supuesto, pero como lo de las ollas me había metido en la cabeza que si me iba era una perdedora, buscar otro trabajo tenía sabor a derrota.

Igual me fui.

El restaurante no fue lo primero que encontré. Cerrado el capítulo de las ollas, me presenté a un trabajo como cajera en un supermercado. El dueño me probó por quince días porque, según él, tenía que ganarme el trabajo y demostrar que realmente lo quería (un truco viejo en el que, sin embargo, caí redondita). Me daban almuerzo y yo pensaba: "Bueno, por lo menos tengo la comida ganada; voy a pedirle a Dios que este tipo me contrate". Pero eso nunca pasó. Lo bueno es que aprendí a llevar la caja y, en medio de todo, había aprendido algo nuevo. Intenté muchas cosas después: una vez quise montar una compañía de limpieza que iba a llamarse *FA Cleaning Service*. Incluso hice volantes que repartí en la Quinta Avenida, Yonkers y Nueva Jersey. Solo necesitaba una casa para engancharme, crecer y contratar gente. ¡Una solamente! Me llamó el primer cliente, que solo hablaba inglés. Me pidió mi página web y me preguntó por el seguro. Y yo le dije: *"Yeah, yeah, I'll call you back"*.

Después dije que iba a ser enfermera, pero me pedían papeles y el curso costaba quince mil dólares, dinero que yo no tenía. Además, tenía que aprender inglés primero y eso demoraba un año. Recién entonces encontré el restaurante.

¿AHORA SÍ?

Cuando llegué a 27 Sport Bar, tuve, por fin, la oportunidad de ganar más dinero, dinero de verdad y constante, con el que podía ayudar a mi mamá también. Aprendí tanto allí, conocí tanta gente, tantas historias de lucha, tantas historias de éxito, y entendí que cada quien puede ser exitoso en lo que decida hacer. No es cierto que el éxito estaba limitado a una sola cosa. El éxito era sencillamente lo que te hacía feliz, y por dos años de mi vida yo fui muy feliz en ese restaurante, fui *exitosa* allí. Varias veces me nombraron la mejor empleada y hasta pusieron una foto mía en el frente del bar que decía: "Empleada del mes".

Los clientes, la mayoría regulares del lugar, me hacían sentir bien, preguntaban por mí, querían que solo yo los atendiera. Allí aprendí humildad y que uno mueve montañas cuando tiene un propósito. Y ¿cuál era mi propósito? ¡Ayudar a mi familia, tener una mejor vida! Eso me movía y no me detenía ante nada.

Ese deseo me obligaba a dar la milla extra, a ser la primera en llegar al restaurante, la que abría, la que trabajaba todos los días, la que siempre tenía una cara amable. Aún más importante: no podía olvidarme de mis orígenes. Las cosas en Nueva York podían ponerse muy malas, pero yo venía de un lugar muy humilde y mi meta era revertir eso, ser la persona que cambie la historia de mi familia. La gente se sorprende cuando digo que antes de venir a los Estados Unidos, yo no conocía Punta Cana, por ejemplo. Mi mamá nunca habría podido llevarme allí. Un destino tan bello en mi país era para mí, simplemente, un sueño imposible. Por lo demás, ir a un restaurante me parecía un lujo. Cuando iba a alguno, ni siquiera sabía qué pedir. Esa fue una de las cosas que más me impresionaron de este país, que con treinta dólares podía comer toda la carne que quisiera. Para mí eso fue lo más grande. Mi familia tenía que ver eso, como yo lo estaba viendo. Por eso puse tanto empeño. Había una meta que era más grande que mis circunstancias.

Y yo iba a alcanzarla contra viento y marea.

EL ESCALADOR Y SU MONTAÑA

Para conseguir lo que quieres, tienes que llegar a la excelencia. Cuando estás en un lugar no puedes pretender parecerte a nadie que esté a tu alrededor. Siempre debes estar arriba, dar lo mejor para ser la mejor, y cuando eres reconocida por tu disciplina, tu compromiso y tu responsabilidad, te das cuenta de que eso, al final de cuentas, es lo que habla por ti.

Se dice fácil, y es cierto. Pero los caminos a la felicidad nunca son una línea recta. Yo estaba totalmente perdida, confundida, me olvidé de mis sueños, subí a montañas equivocadas. Imagínate un escalador que va a una competencia y se trepa con todo su ímpetu a una montaña, y a medio camino un compañero le dice: "¡Oye, la montaña que tenías que subir no es esa, es la segunda a la derecha!". Y entonces el escalador piensa: "¿Cómo? Es que no sé, algo me dice que mi montaña es esta que estoy trepando, la de la izquierda". Entonces, por no confiar en lo que quiere, abandona su misión y emprende otra, la montaña que le dijo el compañero. La escala, se cae, casi muere en el intento y cuando llega a la cima, exhausto, se da cuenta de que ahí no estaba lo que quería, ni una planta, ni una roca, ni siquiera el paisaje con el que había soñado, ni la foto que imaginó que iba tomarse allá arriba. Al fin de cuentas, esa cumbre no lo hace feliz.

Ahora, imagínate que tiene que bajar de ahí y retomar, desde cero de nuevo, la subida a la montaña que siempre, en lo profundo de su corazón, supo que era la que le correspondía. Eso es lo que pasa a veces con nuestros sueños. A veces queremos lograr algo —por ejemplo, ser actriz—, pero tu mamá o alguien te dice que vas a morirte de hambre, que mejor estudies Medicina y te hagas doctora. "Eso de ser actriz no es lo tuyo", te dirán. "Estudia primero, hazte profesional y, si te sobra tiempo, después te dedicas a ese pasatiempo de la actuación". Entonces, ¿qué pasa? Empiezas a subir esa montaña, la de estudiar Medicina. Pasa el tiempo y esa misión no te hace feliz, no sacas buenas notas. O tal vez sí, pero sabes que lo que haces no te llena. Al final, ¿sabes qué va a pasar? Vas a dejar la Medicina, luego de muchos años, cuando tengas el coraje de enfrentar tu verdadero sueño; o te vas a hacer doctora, pero nunca serás feliz y, cuando veas en la televisión, en el cine o el teatro, a alguien haciendo lo que desde el principio supiste que era para ti, lamentarás no haber aprovechado aquello que Dios te dio, la misión que te encomendó cumplir en esta tierra. Sería muy triste, ¿verdad? Tenemos que escuchar lo que llevamos dentro, cuando la semilla de tus sueños está apenas germinando.

Lo que hace más bello al mundo es la diferencia. Todos nosotros somos diferentes y tenemos un propósito en el mundo, un talento especial, un regalo. Nuestro compromiso es asumirlo, abrazarlo y entenderlo. Es fácil: cierra tus ojos, busca dentro de tu corazón, sé honesta contigo misma. Pregúntate qué viniste a hacer en esta tierra, qué viniste a aportar, de qué manera harás tu vida diferente a la de los demás. Ojo, no tiene que ser haciéndote famosa, o convirtiéndote en una gran cantante, sino yendo por lo que realmente deseas. Valientemente, sin dudarlo.

El éxito está en lo que sea que te haga feliz. Lo que haces aun cansada, por horas y sin darte cuenta, lo que te llena, te relaja y saca lo mejor de ti. Y eso puede ser desde tener una frutería en una esquina y vender las mejores frutas de la calle, hasta ser la mejor cantante, la mejor actriz, la mejor escritora, libretista, sonidista, la mejor secretaria, la mejor hija, la mejor madre, la mejor hermana, la mejor amiga. Aquello donde estés dispuesta a darlo todo, donde dar el extra te haga feliz, eso es el éxito. No le tengas miedo. Lo que sea que sientas que viniste a hacer a este mundo, tienes que hacerlo. Tienes que sentirte orgullosa de hacerlo, contagiar a todos a tu alrededor con ese regalo que Dios te dio y hacer la vida de alguien diferente.

La vida tiene sentido, vale la pena cuando a través de lo que tienes puedes hacer feliz a otros. Yo no soy una experta en el éxito ni mucho menos. Aún no estoy en la cima de las cosas que siento que puedo conseguir, ni he ayudado a las personas que siento que puedo ayudar. Pero creo que Dios me ha usado y se ha manifestado en mi vida de una manera extraordinaria, y quiero compartir las cosas que he hecho y me han pasado, y espero que, de alguna manera, te sean útiles.

Quiero que sepas que es válido sentirte perdida, no saber qué hacer y tener miedo. Lo que no es válido es que esos sentimientos te paralicen para siempre.

Pueden detenerte por una semana, unos meses, incluso un año, pero en algún momento tienes que asumir tu misión y por encima de todo sentirte feliz de cumplirla.

¿TE ACUERDAS DE ESE SUEÑO?

Yo fui feliz en ese restaurante por dos años, hasta que mi entusiasmo comenzó a desmoronarse. Dentro de mí empezó a sonar la musiquita de que podía ser actriz, de que podía lograrlo y alcanzar todas las cosas que en el fondo anhelaba.

Ya no me levantaba temprano, ponía excusas para llegar tarde, le pedía a mi jefa que me diera menos días, ya no me alegraba tanto estar ahí. Y no porque el lugar fuera malo o porque fuera malagradecida con lo que me había dado o con la maravillosa gente que conocí allí y me ayudó. Sino que ya era momento de buscar lo verdaderamente mío, lo que colmaba mi propósito en esta vida: hacer reír a las personas, inspirar. Yo lo había tenido muy claro antes, ¿por qué iba a abandonar esa certeza? Fue ahí que retomé el sueño que concebí en el año 2010, cuando llegué a Nueva York, el día que entré a casa de Julie y me dijo que no era *tan feíta*.

El problema es que yo misma me puse trabas. Me impuse el plan de, primero, hacerme rica con mi empresa de ollas, para recién entonces, a lo mejor, participar en *Nuestra Belleza Latina*, probar suerte y, quién sabe, llevarme la corona. Año tras año, veía el concurso como podía, lo seguía, me acordaba de mi sueño y así mismo lo olvidaba. De hecho, sin ánimo de ofender a las dominicanas, siempre que veía a una candidata de mi país, decía lo mismo: "Ay, ojalá que no gane". Es que yo quería ser la primera en hacerlo.

Entonces un día de 2014, justo un año antes de mi participación, mi jefa me escuchó decir eso y me preguntó:

—Pero, ¿tú por qué no quieres que gane tu compatriota?

—Porque yo quiero ser la primera dominicana en ganar ese concurso —le respondí.

Algo muy extraño pasó en ese momento, cuando dije eso, cuando puse mi deseo en palabras. Fue tan poderoso que todo se paralizó a mi alrededor. Eran más o menos las diez de la noche. De pronto sentí que una energía poderosísima se desprendió de aquello que dije con tanto sentimiento, con tanta fuerza, con tanto ímpetu, que estaba segura de que todo el universo me había escuchado y había tomado nota. Sentí que mi jefa y todo el mundo se quedaron de una pieza.

Ahí, en ese preciso momento, entendí el poder de la palabra. La fuerza que cobramos cuando decretamos y decimos las cosas de corazón. Dios me había escuchado.

Efectivamente, ese año la dominicana no ganó y yo empecé a poner todo en orden para concursar al año siguiente, en 2015.

Habían pasado cinco años de un plan que se fue gestando poco a poco y a su tiempo, y luego vendría un año de preparación intensa.

Por fin veía todo claro.

Muchos a mi alrededor comenzaron a pensar que estaba loca con el sueño del concurso. Probablemente lo estaba. Ante mis ojos, como en un día claro de sol, se encontraba mi montaña, esperándome.

Era enorme, altísima. Y yo era la única que podía verla.

Y ya estaba empezando a escalarla.

CUATRO

Nuestra Cenicienta latina

Yo nunca me había sentido fea hasta que me lo dijeron en las redes.

Quiero decir, cualquier mujer sabe que no es Marilyn Monroe, pero hasta ese momento lo que veía en el espejo y lo que —*¡ejem!*— numerosos muchachos me habían hecho saber era que estaba bastante bien y que, si de *looks* se trataba, no tenía de qué preocuparme. De hecho, el veredicto más severo que había recibido en mi vida había sido el de Julie, y aun así salía aprobada.

No ser *tan feíta* es muy diferente a ser *fea*.

Y aquí te voy a decir algo. Nadie es ni feo ni bonito. Ni depende de quién te mire... o de quién te maquille. Todo depende de cómo tú te sientas. Conozco mujeres hermosas que no proyectan nada y otras que se comen el mundo sin tener las facciones perfectas. La belleza es algo muy subjetivo y por eso yo insisto en que con inteligencia te encuentras "la vuelta" y comienzas a mejorar lo que no te gusta de ti.

Para mucha gente en las redes sociales, yo era fea y no merecía ser reina. Sin embargo, los Estados Unidos votó por mí y me nombró Nuestra Belleza Latina.

Gracias a Dios, nunca antes había oído eso de que yo era fea, porque, de haber sido así, no me habría presentado a las audiciones de *Nuestra Belleza Latina*.

A veces la ingenuidad es tu mejor aliada.

Esa ingenuidad se mezcló con la convicción de que iba a ser la primera dominicana que ganaría la corona, y con eso saqué fuerzas para invertir un año preparándome para el reto: ejercicios, cejas, uñas, alimentación, expresión. Tuve que aprender de nuevo a caminar y a sonreír, y dejar atrás toda una vida siendo yo, Francisca Antonia, la niña de Azua, para convertirme en un cisne digno de Osmel Sousa, el gurú de la belleza.

Tal fue la dedicación que todo el mundo a mi alrededor pensó que me estaba volviendo loca. Me daban consejos que nunca pedí, para que me lo tomara con calma, para informarme que faltaba mucho para las audiciones, cuando para mí faltaba poquísimo. Los días iban pasando y necesitaba aprovechar cada hora para aprender, mejorar y prepararme para la competencia. Hice una lista de lo que necesitaba completar y mi calendario estaba estrictamente organizado alrededor de ese sueño. Todos los días iba a hacer ejercicio a las siete de la mañana por hora y media. Cuando regresaba al apartamento, leía en voz alta frente al espejo, me daba ánimos, corregía y ensayaba mi dicción. Después me iba a la biblioteca y leía todo lo que encontraba sobre la industria de certámenes de belleza y sus reinas, y el mundo en el que estaba convencida había un lugar para mí, si me preparaba lo suficiente.

No habré sido la reina más bella...

Pero si de algo estoy segura es que he sido la más persistente.

Y esto te lo cuento así con pelos y señales para que veas la importancia de entregarte en cuerpo y alma a lo que quieres conseguir. No hay fórmula que funcione mejor para alcanzar el éxito.

Preparación más Persistencia, así con mayúsculas, es la clave de la suma del éxito.

Recuerdo que tomaba notas sobre las anécdotas más interesantes que encontraba, de las que podía aprender. Regresaba a mi casa y de nuevo me grababa en cámara para después analizar cómo podía mejorar mi forma de hablar, mis gestos, mi expresión ante las cámaras. No tenía experiencia como estrella de la televisión, pero sí como espectadora, y sabía cuándo alguien estaba haciendo un buen trabajo y cuándo no en la pantalla.

En el trabajo solo hablaba de mi meta. Tenía mareados a mis compañeros, pero creo que de tanto repetir el mismo mantra, también ellos terminaron convencidos de que podía lograrlo, y era como si de pronto el restaurante hubiera sido tomado por una pandilla de locos. Terminaba mi jornada, me acostaba temprano y al despertarme repetía la rutina. Todo un año. Día tras día.

Nada ni nadie me pudo desenfocar.

Oraba, pedía, comía, desayunaba, cenaba *Nuestra Belleza Latina*. Compré una pizarra donde coloqué todas las cosas que yo quería para ese año (que declaré como *mi* año) y en un rincón pegué una foto de Vanessa de Roide, la ganadora de 2012. Un día quité su cara para poner la mía. Coloqué imágenes de dinero, un carro, un contrato, corté un artículo de periódico que mencionaba al personaje del año y puse mi nombre sobre el titular. Visualicé todo mi mundo como lo quería, busqué las cosas que debía hacer para lograrlas y empecé a ejecutarlas religiosamente.

Era como cuando preparé mi quinceañero, pero esta vez no iba a haber sorpresas ni cambios de planes. Al final no me equivoqué, y por eso hoy me atrevo a decir que no hay esfuerzo que no tenga recompensa. Tal vez no sea la recompensa que esperas en el momento, pero la puedes recibir cinco años después. Muchas veces uno no entiende por qué pasan las cosas, pero la vida es una red de experiencias y cada momento es un hilo conectado a un destino final.

Las cosas llegan a la hora perfecta y entonces entiendes por qué pasaste por ciertos obstáculos, aprendiste ciertas cosas, observaste ciertos eventos y conociste diferentes personalidades. Entiendes la razón por la que alguien te avergonzó o humilló sin merecerlo. Te das cuenta de que esos eventos te hicieron más fuerte y resistente al pesimismo. Todo pasa por algo. Es la manera como Dios te prepara para todo lo bueno que te va a llegar, para esa bendición final con la que todos soñamos. Lo único que hay que hacer es creer y seguir hacia adelante. *Pa'lante*, como decimos los latinos.

Eso fue lo que hice yo, seguir hacia adelante con mi plan. No tenía a alguien cercano que realmente confiara en mi potencial, por lo que me convertí en mi mayor motivación. Cuando fui a pasar las pruebas, lo hice con una fuerza interior que nunca antes había sentido. Sin embargo, la confianza con la que había orquestado una versión digna de competir en el concurso de belleza más popular de la televisión hispana comenzó a tambalearse apenas puse un pie en el recinto de las audiciones.

LA REINA DEL CARNAVAL

Éramos muchas aspirantes, unas más bonitas que otras, pero las bellas eran bellísimas, como cisnes salidos de un cuento de hadas, que seguramente no se habían preparado como yo porque no les hacía falta. Habían nacido así de lindas.

Mi primera reacción fue pensar en rendirme, pero entonces me acordé de lo que mi madre me dijo el día que la llamé para contarle que iba a presentarme a las audiciones de *Nuestra Belleza Latina*. Había pasado un año preparándome y de pronto comencé a sentir inseguridad, miedo y dudas, muchas dudas. La llamé a Azua llorando y le dije:

—Mami, a ese concurso va una Miss Puerto Rico que después fue a *Miss Universo* y llegó a la cima de no sé cuánto —no paraba de llorar—. También va una dominicana que es actriz y que ha ganado un Miss International. ¡Es bellísima y muy alta…! —Mi mamá me escuchaba en silencio, tranquila, mientras yo seguía con mi rollo, ahogada en lágrimas—. Todas las chicas tienen experiencia en modelaje y encajan en ese estereotipo de belleza latina exótica que a la gente le encanta… ¡Y yo no soy exótica, soy yo, Francisca!

Cuando logré darle una pausa al llanto, mi madre me dijo, como si nada:

—Mija, no importa que vaya esa Miss Puerto Rico, o esa dominicana internacional… ¡Tú ganaste la Señorita 19 de Marzo aquí en Azua y fuiste Reina del Carnaval!

Su ocurrencia me sacó del drama, además de que me robó una sonrisa que yo necesitaba con urgencia. Qué manera tan natural e inocente de animar a su hija. Mami no entendía la dimensión de lo que yo pretendía hacer y lo que me estaba jugando, pero me recordó que no importa cuán pequeños sean tus orígenes y logros, son tuyos y nadie te los quita. Listo. Sus palabras me dieron la fuerza para seguir adelante. Si pude ser Señorita 19 de Marzo en mi pueblo, podía ser reina de *Nuestra Belleza Latina* en otro pueblo llamado Miami.

Mami otorgó a *Miss Universo* la misma importancia que a un modesto certamen de Azua, porque el mensaje que me quería transmitir es que quien vale puede, donde sea y como sea. Y no se quedó ahí. Toda la falta de valor que tantas veces le había reclamado se le fue cuando vio a su hija dudando de sí misma. Su arenga se puso celestial:

—¡Tú no serás la más alta, no serás la más perfecta, pero tú vas enviada a ese concurso en el nombre de Dios! ¡Tú eres *Miss Dios*! Una será Miss Puerto Rico, la otra será Miss República Dominicana Internacional y aquella Miss Universo: ¡tú eres Miss Dios y así tienes que sentirte! Tú eres como David, ese ser pequeñito que con una piedra venció a Goliat, guerrera y vencedora. Tú vas a ganar.

Le creí.

Su decreto me dio escalofríos y por eso decidí seguir preparándome.

Los tres meses que iba a pasar en esa mansión, trabajando

durísimo, fueron el tiempo en que alcancé mi nivel más alto de espiritualidad. Adquirí una conexión con Dios muy fuerte. Siempre he tenido una fe muy especial, pero el nivel de acercamiento a Dios que logré en *NBL* fue algo fuera de serie que nunca antes había experimentado. Ojalá hubiese sentido esa misma paz interior durante las audiciones.

En mi proceso de prepararme para la audición logré asegurar mi participación en un comercial para la prevención del VIH/SIDA. Pero no quería hacer lo que hacía el resto. Todas bailaban, cantaban. Yo puedo bailar un perico ripiao, un merengue, una salsa, un reggaetón, pero bailar así con el 5, 6, 7, 8 y marcando pasos y vueltas finas, no. No tenía la preparación para eso, pero creo que tampoco el interés. Consciente de no saber bailar, me concentré en prepararme para tener presencia en la televisión.

Al fin y al cabo, yo quería algo más que una corona, yo quería una carrera.

Las audiciones de *NBL* requieren que, si llegas a la ronda en la que estás frente a los jueces, muestres un talento. Yo llevaba un año preparándome en dicción, postura, físico y en control emocional… y, sin embargo, no tenía claro qué talento podía mostrar.

DE COMEDIANTE A UNA
INMIGRANTE LLAMADA MELA

Cuando le comenté a Rocky, que para entonces ya era mi esposo, que tenía que exhibir un talento durante las audiciones me dijo: "¿Por qué no presentas ese personaje que tú haces, el de la campesina Mela? La gente se va a volver loca con ella, Fran, porque es algo diferente".

Le dije que estaba mal de la cabeza. ¿Cómo iba a llevar a esa loca a un *show* de belleza? Pensé que no era el personaje para un concurso de esa índole, y lo último que quería era ser ridiculizada y no poder pasear por mi barrio nunca más de la vergüenza. Rocky insistió muchísimo. Estaba convencido de que esa era la estrategia para sobresalir y triunfar, ya que ninguna concursante había hecho algo similar. Para él, los talentos de años anteriores eran repetitivos y sentía que el concurso necesitaba una inyección de originalidad. "Si lo haces, te vas a robar el *show*", me dijo sin dudarlo…

Y así fue como decidí que el mundo tenía que conocer a Mela la Melaza.

Gracias a ella fue que conseguí el pase al certamen (no sin antes enfrentar obstáculos inesperados, porque de otra manera esta no sería mi biografía; verán, parte de mi ADN es una cadena de dificultades que desembocan, contra todo pronóstico, en éxitos). Mela, además de un personaje cómico y entrañable, fue una estrategia, mi forma de llamar la atención, consciente de que quizás no podía competir con las largas piernas de las otras concursantes, pero sí con inteligencia y humor.

Cuando me meto en el personaje de Mela entro como en un trance, y sus ocurrencias son improvisadas. Mela es lo que quiero decir y no me atrevo. Si lo digo yo, me juzgan. He escuchado de todo: *maleducada, puta, ofensiva*. A la Mela no la juzgan. Y cuando la interpreto, es algo muy natural. Camino distinto, miro y reacciono distinto, gesticulo distinto, pero las cosas que digo son las cosas que yo, Francisca, pienso. La genialidad viene de Francisca y la comicidad, de Mela.

Mela me permite *cuerear* como yo quiera. Sin ir muy lejos, hoy que escribo estas líneas, Mela bailó con Gianluca Vacchi, el famoso multimillonario italiano, y hasta le pidió el teléfono (¡que se lo diera es otra cosa!). Muchos artistas han conocido a esa campesina desdentada. Disfruté mucho juntar a Mela con Wisín, por ejemplo, que es un hombre muy humilde y simpático. Con él logré uno de los mejores segmentos que ha tenido el personaje. Wisín captó rápido su espíritu y su sentido del humor.

La diferencia entre Mela y yo es que yo todavía me pongo nerviosa a la hora de conocer o entrevistar a una celebridad. Como Francisca, quiero hacer un buen trabajo, conseguir una entrevista jugosa, complacer. Todavía quiero complacer. A Mela no le impresiona ningún talento, porque para ella todos son sus amigos y es posiblemente el personaje con mayor autoestima de la televisión hispana. Es como es y nunca pedirá perdón por ello.

Ricky Martin es otro de sus favoritos. Mela no se esperaba que alguien como él aceptara hacer algo con ella, porque a la mayoría de los artistas no les gusta mucho que haya un personaje que se burle de todo el mundo. Temen hacer el ridículo. Cuando se la presentaron, él dijo: "Sí, yo la conozco". Eso fue increíble para mí. No me imaginé que él fuera a participar. Ricky la sentó en sus piernas y hasta se tomó un *selfie*.

Claro, también me he encontrado con personas famosas que me han despreciado. Los más grandes tienden a ser más humildes que los que están comenzando. Por ejemplo,

Farruko no quiso que Mela viniera al *sketch*. Fernando Colunga ni sonríe (pero esto no lo digo yo, lo dice Mela, que conste). Quién me iba a decir cuando presenté a Mela en la primera audición de *NBL* que algún día ese personaje iba a codearse con Ricky Martin. Qué importante es tratar cosas diferentes y escuchar a otras personas que creen en ti y en tu talento cuando estás dudando de él.

Volviendo a las audiciones, el proceso fue largo y de muchos nervios. Hubo una gran emoción, fe, llanto, un poco de todo. Ocurrió el 4 de octubre de 2014. Sentía que estaba lista. Mi cuerpo estaba en mejor forma que nunca y había practicado muchísimo mi dicción, así, sin maestro. Nunca tuve el dinero para pagar clases, pero estudié mucho, leí mucho y lo más importante, practiqué mucho grabándome para pulir mis defectos y explotar mis virtudes.

Hubo varios pasos hasta llegar a la mansión. Me presenté en Nueva York, donde las candidatas pasan un filtro con la gente de producción. Si creen que tienes potencial, te llevan con los jueces. De casi doscientas niñas que asistieron a esa audición, solo nueve iban a obtener el pase a Miami.

Las audiciones comenzaron a las siete de la mañana, pero yo estaba afuera del recinto a las dos de la madrugada. Le pedí al portero que por favor me permitiera cambiarme en la mañana. No sé cómo se lo dije porque solo hablaba inglés y yo apenas lo entendía. Estaba en zapatos bajitos y ropa cómoda para aguantar toda la noche en la fila y le rogué que cuando amaneciera se acordara de mí y me dejara entrar a maquillarme y ponerme mis tacones y la ropa del concurso.

Me dijo que sí, que no había problema. También llevaba conmigo la ropa de Mela; decidí que debía llevarla conmigo por si acaso, y la empaqué.

Las puertas abrieron a las siete de la mañana en punto. Recuerdo que en ese momento subí una foto a mi Instagram, donde se ve que llovía y yo estaba empapada (a pesar de llevar una sombrilla), y me tomaba un café para mantenerme despierta, sentadita en la orilla de una acera. Nunca olvidaré el texto que acompañó ese momento clave: "Los principios difíciles terminan con finales asombrosos".

Esa frase es toda mi vida. *Los principios difíciles tienen finales asombrosos.* Mi comienzo en esa aventura fue así, empapada en agua, sin dormir y esperando en una fila muy larga. Tenía mucho miedo, pero ahí estaba, comenzando el camino hacia un asombroso final.

Cuando abrieron esas puertas busqué al portero y le pregunté si se acordaba de mí. Me dijo que sí y que entrara. Me pasó por delante de muchas chicas y esto causó algunas protestas. Empezaron a gritar y a quejarse, diciendo que por qué me dejaba pasar a mí primero, pero no miré atrás y aproveché su generosidad. Entré, me cambié y cuando salí del baño, no sé qué fue lo que la gente vio, de verdad no sé, porque yo no era la más bonita ahí. Todo el mundo volteó a mirarme y mi primer pensamiento fue que había hecho algo mal. Entonces una señora ecuatoriana me miró y me dijo: "Tú vas a ganar, tú vas a ganar. Tú vas a ser la próxima reina". Recuerdo que le di las gracias y pronuncié un "amén". Su energía positiva me contagió seguridad.

Ese día fue muy largo pero muy divertido. Todas las

chicas subían fotos a sus redes, nos reíamos mucho, aunque sabíamos que no era una fiesta. Estuve muy pendiente de lo que pasaba y de lo que los productores hacían. También observaba el espacio. Trataba de ver quién era importante, trataba de ver señales. Estaba demasiado metida en ese mundo y demasiado clara en mi objetivo. El caso es que cuando me tocó mi turno estaba muy nerviosa, con ganas de ir al baño a hacer número dos, número tres, cuatro... En el salón había dos personas, un hombre y una mujer de cabello largo, boricua y chiquita, pero de esas chiquitas de ojos criticones que te perforan con la mirada. Después llegué a conocerla bien y era todo lo contrario, un pan de Dios. Se llamaba Grisi y entendí que ese día simplemente hacía su trabajo.

El hombre se llamaba Poncho. Entré y me presenté ante ellos.

—Hola, mi nombre es Francisca Lachapel, tengo veinticinco años de edad y soy dominicana —dije con mis manitos en la cadera y mis pies muy correcticos, parada como toda una *miss*.

—Hola, Francisca, ¿qué nos traes hoy? —me dijo él.

—Bueno, pues yo hice un comercial sobre la prevención del VIH/SIDA.

Cuando terminó el comercial, hubo un silencio y ambos se quedaron observándome fijamente. Luego se miraron entre ellos y él rompió el hielo con una expresión que me dijo dos cosas: una, que no lo había impresionado el comercial; dos, que de todas maneras estaba intrigado y pensaba que había algo más.

—Es que, no sé, tienes algo… pero creo que esta prueba no fue la mejor y aquí hay algo que dice "de comediante a inmigrante" —indicó. Ese era el momento y no podía desaprovecharlo. Si no les presentaba a Mela ahí, iba a tener que decir adiós a la competencia.

—Bueno, tengo una amiga y si quieres te la presento.

Me preguntó cómo se llamaba y el nombre le dio risa. Le conté que era una campesina dominicana y me pidió conocerla. Le dije que solo podía hablar como mi amiga si me vestía como ella, pero me invitó a hacer una excepción… Y yo sabía que cada segundo contaba. Así que les comencé a hablar de Osmel con la voz de Mela. Los hizo reír muchísimo y me dijeron que en la segunda ronda querían conocer a mi amiga. Había pasado mi primera ronda con el número 42. Me vestí de Mela y esperé a que llamaran a mi número. De pronto sentí que mi plan estaba concretándose paso a paso, y todo el miedo y los nervios pasaron a un segundo plano.

Ya el resultado que yo siempre había soñado estaba en camino.

En un momento fui donde Poncho a darle las gracias y preguntarle si en mi segunda audición debía hacer el comercial o llevar a Mela, y me contestó con efusividad: "¡Niña, tú vas a hacer a Mela! ¡Tú te vas a quedar porque queremos conocer a tu amiga, olvídate de ese comercial!". Si no hubiera sido por él, no habría entrado en el concurso. Poncho fue esa persona que Dios puso ahí para darme la oportunidad de entrar. Había dos cuartos de audición. En uno estaba él. En el otro, la jefa del programa y una persona (cuyo nombre no recuerdo), que se fijaban más en la imagen. Si no me hubiera tocado pasar la prueba frente a Poncho, ni siquiera estaría escribiendo esto. Honestamente, creo que tenía preferencia por mí, pero no era marcada. Era justo con todas, solo que a nivel sentimental conectaba conmigo. Formaba parte de la producción, no del jurado, y era el único que me calmaba. Después de mí, él es la persona que mejor entiende a Mela. Hasta el día de hoy somos amigos. Nos vemos con mucho cariño, y cuando hablamos es como si no hubiera pasado el tiempo.

Llamaron mi número y entró Mela a hacer su audición y ciertamente les impactó mucho más que Francisca. Todo el mundo se reía. Incluso el chico de audio, que se suponía que no debía hacer ruido porque podía salir en las grabaciones, se moría de la risa con Mela. Recuerdo que la productora general me preguntó:

—¿Quién te descubrió?

—Ese señor que está ahí —le respondí, señalando a Poncho.

—*Good job* —le dijo ella a Poncho.

Todos me miraban como si acabaran de encontrar un tesoro. Salí muy contenta. Tras mi presentación, inmediatamente me gané el respeto de mis compañeras que estaban ahí y que hasta ese momento ni me hablaban. Todo el mundo estaba maravillado y sentí una esperanza y una fe que no puedo describir.

Al otro día, obtuve el pase para ver a los jueces del *show*, que en esa temporada eran Jomari Goyso, y, como invitados, Daniel Arenas y Verónica Bastos. La noche anterior no había dormido y de nuevo había llamado a mi mamá para que orara por mí y me diera esa infusión de ánimo en la que parecía experta. Cuando llegué al lugar me pidieron entrar primero como Francisca y luego vestirme como la Mela, pero sabía que una vez que me vieran iban a formarse una opinión quizás no muy entusiasta, comparada a la que podía ganarse Mela, que era la destinada a enfrentarse a Osmel en Miami, no yo. Rogué que me dejaran entrar caracterizada y Poncho intervino a mi favor con tanta seguridad que los convenció. Mela tenía, por fin, el camino libre.

Entró la mujer a escena hablando a gritos, haciendo sonar sus chancletas y agarrándose la falda para que no se cayera. La mesa del jurado estaba en absoluto silencio. Los tres tenían una leve sonrisa que parecía a punto de explotar. Buena señal. Agarré confianza y dije: "¡Que se preparen *Sarma Jaye* y *Anyelina Yolís* que llegó la mayimba!". Estalló la risa. Entré en trance y comencé a tomarles el pelo, hice como que hablaba con Osmel por teléfono y a decir cosas que solo recuerdo porque existe un video de eso en YouTube, que tal vez ustedes han visto también. De mi ajustador saqué un papelito doblado en cuatro que decía "SOY BELLA", les dije que era un mensaje de Osmel Sousa y lo puse en la mesa "pa' que lo firmen y me dejen pasar". Verónica soltaba carcajadas. De pronto Jomari me pidió interpretar una escena de telenovela en la que Daniel era mi marido y Verónica, la amante *housekeeper*. Todo lo tenía que improvisar en el momento y me sentí al borde de una cornisa. ¡Y no me iba a caer, diablo, no me iba a caer! En un instante pasaron por mi cabeza los doce meses anteriores, la pizarra de mi casa, las dietas y ejercicios, los monólogos para el espejo, mi llegada a Nueva York, Julie frente al televisor, todo Simón Striddels frente al televisor, mi montaña, mi montaña enorme y el teatro en Azua, mi mamá echándome ganas, diciéndome que yo iba en nombre de Dios, David dándole a Goliat en la mismísima frente, pa' que aprenda a no meterse con la Señorita 19 de Marzo, la reina del carnaval. Mi cabeza iba a mil por hora.

Daniel y Verónica entraron al escenario y yo improvisé una escena de celos que hizo que Jomari se arrodillara a halagarme, como poseído. Las carcajadas del estudio se colaban en el video, todo el mundo se moría de la risa. Me aplaudieron y Jomari dijo cosas muy bonitas y luego me pidió conocer a Francisca. Así que me fui a cambiar. Las piernas me temblaban.

Cuando entré de vuelta al escenario me miraron como diciendo: "Ah, mira, qué bonita". Querían verme bonita, tenían que verme bonita, porque querían a Mela y a una mujer latina con talento en su *show*. Me hicieron muchas preguntas, sentí que me desmayaba de los nervios porque yo, al contrario de Mela, batallo con muchas inseguridades. Conté parte de mi historia, mi historia de inmigrante que llega a los Estados Unidos sin nada, lo mucho que había sufrido, el tiempo que tardé en ver a mi familia de nuevo desde que me fui. Expliqué que Dios te pasa por el fuego antes de darte una gran bendición, que los problemas eran parte de tu crecimiento y de tu desarrollo.

Apenas terminé de hablar me entregaron el pase para ir a Miami y presentarme frente a Osmel Sousa.

WELCOME TO MIAMI

Pasaron tres meses hasta que llegué a Miami y comenzó la competencia el 28 de enero de 2015. Allá pasas por otro filtro, donde te examinan los productores, ven tu desenvolvimiento en la televisión y te hacen competir en pruebas de inteligencia, físicas, y de talento. De cuarenta niñas que llegamos a Miami de todas partes de los Estados Unidos, solo doce iban a entrar a la mansión.

Había dado un paso importante y de pronto me asustaba regresar a mi vida normal porque no tenía un plan B. Me gusta mucho una frase de Will Smith que dice que cuando tienes un plan A, no puedes tener un plan B porque te distraes. Mi plan siempre fue solo uno y era dejar atrás Nueva York, mudarme a Miami y tener una carrera en la televisión. Sentí que algo iba a cambiar con ese paso de fe que yo estaba dando.

Cuando emprendes algo, no todo tiene que estar claro y perfecto. Solo hay que dar el paso porque no existen el día, la preparación, ni las condiciones ideales. Los momentos perfectos se notan solo cuando miras atrás y los ves en el camino, pero para eso tienes que ir caminando y no parar.

Recuerdo que cuando llegué al hotel pensé: "Ay mi madre, estoy aquí". No podía creer que estuviera allí como candidata de *NBL*. Mi compañera de cuarto y yo éramos las únicas que entendíamos que *Nuestra Belleza Latina* era mucho más que un concurso de belleza; era también una prueba de talento. Las otras niñas me veían fea y pensaban que no iba a durar, pero mi compañera de habitación sabía que mi talento podía hacerme llegar lejos. Una vez me dijo: "Tú eres talentosísima y de eso se trata esta competencia. Tú y yo deberíamos hacer un acuerdo, unirnos e irnos empujando una a la otra".

La idea era hacer una alianza, que hiciéramos cosas juntas y creciéramos juntas, porque ella sabía que yo tenía la atención de los productores. Ella pensaba que lo importante era que ganara la República Dominicana.

Yo sí quería que ganara una dominicana…

Pero quería que esa dominicana fuera yo.

OSMEL, OSMEL, ¡CUÍDATE DE ÉL!

Llegó el día de presentarme ante Osmel y quería darle una apertura interesante. Sabía que iba a ser en un escenario, así que llevé un CD que contenía un video que había mandado hacer en Azua y pedí a la producción que lo pasaran mientras Mela hacía su acto. Pero cuando llegamos, ¡oh, sorpresa!, Osmel había cambiado las reglas. Me había preparado como Mela, las que habían elegido bailar se vistieron para eso y las que iban a actuar ensayaban. Ya le había dado al productor el video, pero entró Osmel y nos sorprendió con que teníamos que mostrar el talento que él nos pidiera, improvisado. La que pensó que iba a bailar ahora tenía que cantar, y así. Entonces comenzaron a hacer entrevistas para el programa en las que nos preguntaban qué pensábamos de la decisión de Osmel, y aproveché para presentar a Mela, que comenzó a quejarse: "Pero, y este hombre, ¿cómo me hace esto? ¿Qué le digo ahora a mi mamá y a mis hijos si yo les prometí que iba a salir en la televisión internacional?".

La verdad es que en el concurso yo no era una amenaza para nadie. A Mela todas las querían y yo, pues... yo había llegado muy fea a la competencia. Me había obsesionado tanto con la dieta que llegué horrible, me veía más bizca, no sé por qué, y tenía la cara torcida por la misma inseguridad de no estar al nivel de las otras niñas, que eran tan guapas. Claudia Molina puso a dieta a todas las chicas, pero a mí me puso a engordar.

Osmel me asignó actuar en grupo. Éramos cinco niñas: dos de México, una de Cuba, una de Puerto Rico y yo. Nos tocaba hacer un *sketch* con Julián Gil, en el que él era un científico loco y había creado cinco mujeres. Yo era la dominicana *tiguerona* y querían que hablara como Mela, pero yo no hablo como Mela vestida de Francisca. La cubana era la muñeca sexy, otra la tontita y otra la agresiva. Las muñecas despertaban y al final del *sketch* todas le caían encima. Nos daban varios días para ensayarlo. Hicimos la presentación. La primera que pasó de esa audición fue Lisandra, y Osmel le dio la llave. Cuando llegó mi turno de pasar, me tocó Jomari, que dijo algo como: "Esta llave se la vamos a dar a alguien muy especial, te la vamos a dar a ti, no por tu belleza, sino por tu talento". Eso me marcó, porque a partir de ahí fui el patito feo de la competencia. Oficialmente, el patito feo.

Tal vez para otra candidata ese título era fatal. Pero no para mí. Sí, podía ser muy malo, pero también muy bueno. Ganara o no, había conseguido que en un certamen que tenía la palabra *Belleza* en su nombre se hablara de talento antes que de cualquier otro tema. Yo sabía que había otras chicas más altas y divinas, pero esa cualidad terminó siendo no solo menos importante sino también más frívola. Al fin y al cabo, optar por la belleza frente al talento tenía un sabor medio "malvado", aun cuando de eso se tratara el *show*. En las redes todo el mundo comenzó a comentar "el talento es lo que importa", y esta frase se convirtió en el eslogan de esa temporada.

Tenía que agradecerle a Jomari por eso. Él fue clave. Todo el mundo comenzó a verme a través de sus ojos. Es increíble: Dios coloca a la gente perfecta para ti. Había sido una coincidencia divina que Osmel no hubiera ido a mi audición en Nueva York, sino Jomari, que me decía cosas muy bonitas, muy humanas.

Osmel Sousa, en cambio, no parecía impresionarse mucho conmigo. Nunca tuve un contacto directo con él (bueno, ninguna de nosotras lo tuvo). Como experto en concursos de *belleza*, tenía sus favoritas, las que tenían el porte de Miss Universo al que estaba acostumbrado. Yo moría por atraer su atención, pero era imposible porque no tenía el tipo que él buscaba. Nunca me miraba, nunca me ponía atención. Mucha gente dijo que sabía que yo iba a ganar cuando Osmel se rio con la actuación de Mela. Y sí, lo había hecho reír, pero en una de las audiciones me dijo: "Talento mata belleza". Osmel hacía invisible a Francisca, pero no podía con Mela. La única vez que me habló directamente fue en la prueba final, la caminata final. Estábamos haciendo un simulacro de quién ganaba la corona y me dijo: "Mira esto, niña, cuando camines pon un pie delante de otro, endereza la espalda y levanta la cabeza".

Pese a eso, la gente comenzó a prestarme atención y hasta el día de hoy me ve como la reina con talento, lo cual me genera mucho orgullo. Yo fui el patito feo que ganó porque hacía reír a la gente, no por el tamaño de su cintura o sus facciones. Pero me estoy adelantando a la historia...

Cuando me entregaron la llave, me tapé la cara y me puse a llorar de la emoción. Me pedía a mí misma que dejara el drama, pero era imposible. Un año de preparación, una vida llena de obstáculos y ahí estaba Francisca, la niña de Azua, con una llave para ingresar en la mansión de *Nuestra Belleza Latina 2015*.

Pasamos las tres dominicanas, lo cual fue un milagro. A mí me dieron la llave primero y después a mi compañera de cuarto. La última fue la bella Clarisa Molina. Nadie entendió por qué ella fue la tercera en recibir la llave, pero lo importante es que las tres lo logramos y nuestro país tuvo más representación. Clarisa ganó en 2016, cuando hicieron una edición especial y permitieron regresar a las chicas que habían participado anteriormente; eso me llenó de orgullo como mujer dominicana.

Y LLEGUÉ A LA MANSIÓN

Llegar a la mansión fue una de las cosas más maravillosas que he vivido. Les juro que mientras lo escribo aun se me paran uno a uno los pelitos de la emoción. Ustedes no se imaginan lo que es pasar de vivir en lugares chiquitos, sin el vestigio de un lujo, o dormir en una cama dura y de pronto despertar en medio de aquella casa donde todo parecía estar colocado en el lugar perfecto. Ya para mí vivir en esa casa era la coronación de un sueño. Yo no quería salir de allí… O por lo menos, tenía que salir de última y con la corona.

Una niña que había venido conmigo de Nueva York salió en el primer corte y cuando se fue me dijo: "Te veo en Nueva York". A mí esas cosas me chocaban y lloraba todas las noches escondida en el baño, porque no quería volver allá. Sabía que tenía que llegar hasta el cuarto programa para conseguir un trabajo en la televisión y no podía darme el lujo de regresar antes. Mi lema siempre fue que la fe es la certeza de lo que se espera y la convicción de lo que no se ve, eso que sientes y sabes que vas a recibir, pero no sabes cómo ni cuándo. Tenía que ser así porque ganar el concurso era el único plan en mi vida.

Yo había hecho mis cálculos, tenía veinticinco años y sabía que ya a los treinta no iba a lucir igual y la televisión es una industria donde mientras más joven empieces mejor te va.

Y aquí quiero hablarte de frente a ti que eres mesera, vigilante de seguridad, vendedora o lo que sea. ¿Es esto realmente lo que quieres hacer? Si me dices que sí, que eres completamente feliz, mis respetos… Pero si estás en esos trabajos porque crees que no vas a poder conseguir nada más, aquí es donde quiero que agarres fuerza, tengas fe y hagas lo próximo para alcanzar tu sueño.

Y eso próximo va desde estudiar, hasta pedir un préstamo. Lo que sea para que sigas escalando esa montaña llamada éxito y que no está reservada solo para algunos.

A mí, se los digo sinceramente, ya me pesaban los veinticinco años. No era una niña y ya era tiempo de reafirmarme, pisar fuerte. Para mí era muy importante tener un trabajo estable en la televisión, que generase buenos ingresos, tener un carro, una casa, ser independiente. Ese era mi plan A, mi plan B y mi plan C.

Cuando llegué a la competencia todo el mundo me conocía porque la audición de Mela había hecho mucho ruido. Recuerdo que entré a Univision y la gente decía: "Ahí está Mela". Las otras chicas no recibían muy bien toda esa atención, porque, al fin y al cabo, era una competencia, no un campamento para hacer amigas.

Nos fueron a buscar en limosina. Era mi primera vez en una limosina. El lugar quedaba como a media hora de los estudios y cuando llegamos tuvimos que esperar en el auto unas tres horas, porque estaban grabando la entrada.

Cuando entramos, salimos todas corriendo y nos metimos a la casa, a recorrerla. Todas entraron corriendo, pero yo iba despacito, mirando todo, incrédula. ¡Qué casa tan bella y qué grande! Imagínense, yo venía de vivir con un familión en un cuarto y subirme a un techo para estar sola y ahora pasaba a una mansión así de gigante. Nada más la sala era muchísimo más grande que mi casa completa. Pensaba que cada una iba a tener una habitación, pero nos metieron a las doce en un cuarto. ¡A las doce! Y todas usábamos el mismo baño. Las camas eran camarotes y, afortunadamente, a mí me tocó una arriba. Cuando vi mi nombre en esa cama sentí cierto alivio. Sobre los colchones había regalos promocionales, todos para nosotras. A mí se me aguaron los ojos y no dejé de agradecerle al Señor. Había una chica de Puerto

Rico que lloraba y preguntaba: "¿Todo esto es para mí?".
Entendí perfectamente lo que ella estaba sintiendo.

Me dediqué a observar todo durante los primeros días.
No hablé durante la primera semana y tampoco quise dar
mi opinión sobre muchas cosas. Después me fui soltando y
me volví amiga de todas. Como claramente yo no era una
amenaza, entonces les caía bien. Y todas adoraban a Mela.

La convivencia no era fácil. Dormir juntas era estresante.
No teníamos espacio para estar a solas, o para bañarnos con
tiempo. Todas se quejaban de los vestidos y yo lo único que
pensaba era: "Niña, ¿cuándo te vas a volver a poner un vestido tan caro? Tú póntelo nomás". Era como la Cenicienta,
me conformaba y estaba feliz solo de estar ahí.

Hoy miro hacia atrás y puedo decir que disfruté toda esa
experiencia, porque siempre, a pesar del estrés, el cansancio
y los nervios, era consciente de que estaba viviendo algo extraordinario. Creo que la mayoría de las muchachas desea-
rían repetir esa experiencia solo para disfrutarla como tal, en
lugar de quejarse tanto.

La gente decía que yo siempre estaba feliz, que nada me
molestaba. Y era cierto. Claro, no todo era perfecto, pero,
¡diablo, estaba en la Mansión! Así, con mayúscula. Imagínate
irte a la luna y amargarte porque no puedes ver la novela.
Algo así sentía yo. Todas trabajábamos mucho. A veces no
había tiempo ni para comer, pero ya yo estaba acostumbrada
a pasar hambre y entrené mi mente para no desenfocarme.
Muchas veces comía una sola vez al día, y aun así seguía con
fuerza y con una actitud siempre positiva.

Los dos primeros programas de *NBL* fueron las audiciones. Arrancó la competencia, comenzaron a hacernos perfiles para la televisión y vimos juntas los dos programas. Cuando tocó mi audición, todas se mataron de la risa. Luego hubo un silencio y me miraron como diciendo: "Ajá, cabrona, tenías tus sorpresas…". Una me dijo: "Yo no sé qué tú haces aquí. Si yo tuviera ese talento, sería millonaria".

La presión era grande y, además de mis nervios, absorbía la energía y la tensión de las demás aspirantes. Una se desmayó del estrés, otras se querían ir a su casa. Hubo varios momentos en que me cuestioné qué estaba haciendo ahí, porque de nuevo miraba a mi competencia y pensaba que en un concurso de belleza gana la más bonita y yo tenía que ganarles a candidatas de *Miss Universo*. Creo que durante ese periodo lloraba todos los días.

Pero nunca me rendí.

CUATRO SEMANAS

Buscando aliento, me acordaba de nuevo de mi mami diciéndome que era Miss Dios y entonces no me importaba si ganaba o no. Lo único que sabía era que nunca más quería trabajar de mesera, y si de eso se trataba yo iba a darlo todo, sin importar qué pasara. Mi lógica iba más o menos así: "Entré en la competencia por la Mela. Me van a usar para exponer al personaje en los primeros tres *shows* y en el cuarto me echan, porque somos muchas dominicanas. *Pero…* lo voy a hacer tan bien que el público va a enamorarse del personaje y eso me abrirá las puertas a un trabajo. A fin de cuentas, eso es lo que quiero, no una corona…". El caso es que yo sabía que la gente se iba a divertir mucho con Mela. No imaginaba que la iban a querer de la manera como la quisieron, pero sí sabía que alguien haciendo el ridículo iba a mantenerlos entretenidos por cuatro semanas. Solo cuatro. En mi cabeza eso es lo que iba a durarme el concurso.

Al principio me gané el respeto de todas, pero ese respeto terminó convirtiéndose en celos. En la casa teníamos dos chaperonas, nuestras mamás, que hacían todo con nosotras, tenían que supervisar lo que pasaba y dormían en un cuarto frente al nuestro. Su trabajo era informar cómo éramos nosotras dentro de la casa, porque no había cámaras. Hacían reportes y se los pasaban a los productores. Tenían una pizarra con los doce nombres y te iban poniendo estrellitas o te ponían un signo de menos porque te portabas mal o porque no hacías lo que te correspondía: levantarte temprano, llegar a tiempo, mantener todo limpio, colaborar, convivir en armonía…

Al principio todas éramos muy tímidas, pero al cabo del tiempo nos metíamos juntas al baño. Lo que nunca pude hacer fue quitarme la ropa interior frente a las demás. Soy muy escrupulosa para esas cosas, así que me despertaba antes que las chaperonas para poder bañarme sola. Cuando ellas se levantaban, yo ya estaba haciendo el desayuno. Lo malo (para las demás) es que mi pizarra estaba siempre llena de estrellitas. Quería competir con mi talento y mi actitud en la convivencia, no causando problemas ni controversias, cosas que, además, no están en mi naturaleza. Las que hacen eso nunca ganan. Mi estrategia nunca fue meterle el pie a nadie sino dar lo mejor de mí. Yo era la alarma, me despertaba una hora y media antes que el resto, al punto de que algunas se despertaban hasta diez minutos antes de partir porque sabían que yo iba a tener hecho el desayuno. Era muy disciplinada: colaboraba, botaba la basura, abría la puerta, ayudaba a las otras en sus pruebas de talento. Cada quien tiene sus propias destrezas, su manera de hacer las cosas; por eso no tengo miedo de compartir. Yo te digo lo que sé porque tú lo vas a hacer diferente y me queda la satisfacción de haberte ayudado.

Los celos comenzaron por las estrellas, que ya no cabían en la pizarra al lado de mi nombre. Algunas chicas llegaron a pensar que yo era la favorita de las chaperonas, pero de eso nada: yo me había ganado su respeto y su cariño siendo humilde, ayudando. Nadie me había regalado nada. Una muchacha se quejó de mis estrellas, y esa fue una de las primeras veces que me expresé con dureza y seguridad en el concurso. La miré fijamente y le dije delante de las demás: "Estamos viviendo juntas y tenemos que colaborar. Aquí nadie es sirvienta de nadie. Estamos en una competencia, y si yo boto la basura y friego significa que tú también lo debes hacer. ¿Entendiste?". Creo que más de una se quedó impresionada por la manera en la que expresé mi opinión, con tanta franqueza.

LA CASA SE IBA VACIANDO

Cada una tenía una personalidad distinta y fue encasillada en un personaje. Natalia era la villana que se metía con todas, menos conmigo. Yo nada más la miraba así, desafiándola y se daba cuenta de que yo era una reina con cojones y que conmigo, mejor tranquilita y por la sombra.

Además de los conflictos, que sí eran reales, surgieron algunos rumores. Lo más duro de la vida en la mansión era regresar a ella después de una eliminatoria. La noche antes solíamos aliviar los nervios con risas, anécdotas. Todas éramos conscientes de que podía ser nuestro último día y lo disfrutábamos, pero cuando regresábamos, a pesar de sentirnos orgullosas de seguir en la competencia, se respiraba una sensación de tristeza. Siempre nos transportaban en dos furgonetas, y recuerdo especialmente el día en que ya solo necesitamos una para regresar a la mansión. A veces ayudaba a las que se iban a hacer las maletas. Ellas lloraban porque querían quedarse, pero al otro día desayunaban y se las llevaban. Una hora después, todo regresaba a la normalidad. Llegaba la producción a preguntar qué pensábamos y siempre había conflictos de opinión. La parte física era durísima, pero la emocional era la más difícil y duraba de lunes a lunes. Nunca hubo un momento de descanso.

En el *show* conocí muy buenas personas. Chiquinquirá Delgado es muy linda y siempre fue muy amable y profesional. Era la conductora estrella del programa, con todas sus cualidades, y se mantenía enfocada en el trabajo que tenía que hacer. Llegaba el sábado y nos saludaba. No compartía mucho con nosotras, pero se sentía su valor humano y su buena educación. Javier Poza, en cambio, era muy divertido. Él sí me dio algunos consejos y recuerdo que la noche anterior a la final, el día de ensayo, me miraba y me decía: "Mi reina". Siempre me daba palabras de ánimo y me decía que tenía muchas oportunidades de brillar en el medio. A veces no decía nada, pero me miraba y su mirada me daba mucha paz, mucha calma.

Con el paso del tiempo no mejoraron los nervios ni la presión. Al contrario. Cada vez era peor, más real. Por un lado, estábamos contentas de sobrevivir cada eliminatoria, pero poco a poco el cuarto se fue vaciando. Sentías tristeza por tu amiga y alegría porque tú te podías quedar. Empezó a darnos mucho miedo. Cada vez estábamos más cerca de irnos o de ganar. Hablábamos mucho entre nosotras y nos preguntábamos quién pensábamos que ganaría. En un momento varias me dijeron: "Vas a ganar tú", pero quizás lo más conmovedor era que cuando les preguntaban quién querían que ganara si no ganaban ellas, la mayoría decía mi nombre.

Eso me daba mucho ánimo y me hizo pensar mucho en mi vida personal, especialmente en la relación con mi esposo. Empecé a notar la gran diferencia de personalidades entre los dos. Comenzaron a revivirse las cosas que yo había sentido desde el principio. Él y yo funcionamos fenomenalmente como amigos, pero no como pareja. La vida te da señales, y a mí me las daba, solo que me hacía la boba por miedo, por inseguridad, porque la niña de Azua pensaba que nunca iba a tener un hombre como se lo imaginaba.

Me sentía triste porque fue Rocky quien confió en Mela cuando a mí me costaba creer. Y Mela me lo dio todo, al punto de que empecé a temer que Francisca desapareciera, así como estuvo a punto de pasarle a Charytín, que debió abandonar el personaje de la Mosquita Muerta porque se estaban olvidando de ella; así como le pasó a Mario Moreno, que nunca pudo despegarse de Cantinflas.

Con mi hoy ex esposo comenzó a pasar, bueno, lo que suele suceder. La mayoría de las relaciones —no solo las amorosas— tienen un comienzo y un final. Las personas nos cruzamos todo el tiempo en los caminos de otras y a veces coincidimos en propósitos o formas de sentir, pero lo cierto es que nuestras rutas son siempre solitarias. En ocasiones dos rutas convergen y corren juntas, y cuando eso pasa es maravilloso. Pero si al final esos caminos toman rumbos distintos, lo mejor es agradecer a Dios por lo bueno que encontramos en ese alguien que nos acompañó (porque siempre hay algo bueno) y luego tener la sabiduría de despedirnos. Rocky fue quien vio el poder de Mela la Melaza, pero cada vez nos distanciábamos más.

UN TUIT PARA MELA

El hecho es que cuando me surgían dudas, Mela regresaba a rescatarme. Recuerdo que durante la competencia, Luz María Doria, la productora ejecutiva de *Despierta América* publicó un tuit en el que decía: "Quiero que Francisca gane la corona y que Mela trabaje en *Despierta América*". Eso fue toda una revolución porque nunca un productor de la cadena había proclamado a una favorita y mucho menos para ofrecerle un trabajo.

Finalmente sabía que mi vida iba a cambiar, ganara o no. Hay una notita que conservo, que me regaló una de las concursantes. Me la entregó una tarde y me conmovió mucho.

La carta decía que yo era como una ranita que el príncipe besó y convirtió en princesa. Ella pensaba que, para mí, la oportunidad de concursar en *NBL* era algo así. Yo era una ranita que llegaba asustada a un lugar cuando, de repente, apareció un príncipe y le dio un beso. Eso era *Nuestra Belleza* para mí, el zapato de cristal que se ajustaba como un guante a mi pie. Un cuento de hadas.

Creo que lo fue para todas. Me alegra mucho saber que, después de la competencia, a cada una le fue bien. Lisandra, la cubana, se fue a Chile a hacer un *reality*. Clarisa fue a *Miss Universo* y al año siguiente ganó *Nuestra Belleza Latina VIP*. Katherine está en Puerto Rico haciendo teatro y tiene un novio espectacular en Televisa. Yo no fui la única que ganó la corona, ellas también ganaron. El *show* nos dio oportunidades que jamás hubiésemos obtenido de otra manera.

La última semana de la competencia fue muy intensa. Yo pensaba que no iba a ganar. Quería ganar, pero pensaba que no lo haría. Era una sensación muy rara porque esos arranques de pesimismo se compensaban con el tuit de Luzma. Pensaba que si le había gustado a ella, podía gustarle a más productores de televisión.

En la mansión, el coreógrafo Aníbal Marrero, esposo de Alejandra Espinoza, solía darme palabras de aliento, porque yo siempre pensaba que iba a meter la pata antes de una eliminatoria. Cuando lo conocí me pareció misterioso y distante, y me preguntaba a mí misma por qué no me hablaba. Ya cuando entramos las doce a la mansión me empezó a prestar más atención. Tiempo después, Aníbal nos dijo que a él no le gustaba encariñarse con ninguna participante hasta tener la certeza de que iba a llegar a la mansión, porque ahí es donde tenía que hacernos bailarinas profesionales en un tiempo limitado. Lo recuerdo muy respetuoso. Me gustaba que, siendo un hombre casado, respetaba mucho esa línea. En la etapa inicial era muy duro con todas, pero conmigo se portó un poco mejor porque recuerdo que yo estaba perdiendo el norte en la primera semana de competencia. Yo quería ser como las demás —fina, propia, elegante—, pero nunca había ido a una academia, nunca nadie me había enseñado a caminar. Entonces me dijo: "Estás desapareciendo por no aceptarte como eres. Se te está olvidando quién eres y por qué estás aquí". Yo le pregunté cuál era ese porqué, y me respondió: "Porque eres diferente, Francisca. Quiero que dejes de estar pendiente de cómo camina fulana, cómo habla mengana. Camina y habla como Francisca; eso es lo que queremos ver". Tal vez él ni siquiera sospecha que ese consejo fue fundamental durante todo el concurso.

Siempre, antes de subir al escenario, estaba muerta de miedo, pero una vez que ponía el pie en la tarima todo eso se disipaba. Siempre me ha pasado que la gente cree que soy débil y quizás, de alguna manera, soy vulnerable y me juzgo con dureza. Pero eso es precisamente lo que me hace esforzarme más y me ha llevado a donde estoy.

La noche de la semifinal yo estuve muy triste, encabronada, enojada con todos, porque en *Sal y Pimienta*, un programa de espectáculos en Univision, se dijo que sí, me querían mucho, pero al fin y al cabo yo estaba en una competencia de belleza. Sin embargo, no podía perder la concentración. Al otro día desperté tranquila y me dije que todo era voluntad de Dios. Y ya no sentía rabia ni frustración.

Haber pasado a la final ya me hacía sentir completamente sumergida en un milagro, la protagonista de una historia de esas que uno dice que son demasiado buenas para ser verdad.

Y mi historia era de verdad.

LA NOCHE EN LA QUE CORONÉ MI SUEÑO

Después de doce semanas llegó la gran noche. Todo el mundo se veía estresado y yo andaba a paso lento, lívida, observando y absorbiendo cada momento. Me vi a mí misma en esa posición y fui consciente de la importancia de ese día. Normalmente, nadie estaba pendiente de qué iba a ponerme o cómo me iba a quedar, y podían tocarme vestidos que no me favorecían.

Una vez me dieron uno de Chiquinquirá y cualquiera que la haya visto sabe que es un mujerón a mi lado y al lado de la inmensa mayoría de las mujeres del mundo. El vestido me bailaba. Pero ese día, el de la final, fue diferente. Me pusieron un vestido plateado que brillaba y me entallaba perfectamente, y todo el mundo se mostraba asombrado. Yo pensaba: "Gracias, Diosito, que por lo menos esta noche voy a lucir preciosa".

Mientras tanto, en Azua, *Nuestra Belleza Latina* había revolucionado a todo el pueblo. La gente salía con pancartas a la calle, hablaban de mí como una heroína, la televisión visitaba el pueblo y el Simón Striddels. De pronto toda la República Dominicana tenía los ojos puestos en Azua. La casa de Mami se había convertido en una especie de centro de peregrinación. En las ventanas habían pegado una foto mía gigante y todos los domingos se juntaban en la sala niños, grandes, más gente de la que en realidad cabía en ese espacio, para ver a su candidata, su vecina, la que había salido de Azua pa'l mundo. Aquello era una fiesta.

Por mi cabeza pasó a la velocidad de un flash aquella promesa que le hice a mi mamá de que volvería a Azua y me recibirían como una reina con todo y caravana.

Cada minuto yo sentía que Dios me estaba permitiendo la dicha de cumplirla.

La espera fue de hora y media porque la reina se anunciaba en vivo. Era una locura. Durante ese tiempo me cambiaron el vestido. Yo veía todo en cámara lenta, como si todo estuviera bajo el agua. Los productores estaban preocupados por mi escote, por mi maquillaje, por mi pelo. ¡Por todo! Recuerdo que le di gracias a Dios, gracias por haberme dejado llegar tan lejos. Nos llamaron para anunciarnos que faltaban cinco minutos para salir al escenario. Los presentadores, Chiquinquirá y Javier Poza, ya tenían el sobre con el nombre de la ganadora. Yo seguía como en *shock*, como en piloto automático. Miré a Natalia y de pronto pensé que ella sería la reina.

Y aquí viene una anécdota. En *Nuestra Belleza Latina* dan una beca a una concursante y yo estaba segura de que iban a dármela a mí. Pero se la dieron a Katherine Castro. Yo quería esa beca porque estaba convencida de que la corona iba a llevársela Natalia, la hondureña, que era preciosa. Con la beca en manos de Katherine de pronto pensé que me iría a casa con las manos vacías. Después de tanto esfuerzo.

Miré a Natalia y le dije: "Acuérdate que esto es una gran oportunidad, sácale provecho al amor que te ha dado el público. Has sido un poco conflictiva, pero prepárate". Hasta el último momento le di consejos a quien pensaba iba a ser la reina. No sabía que todo lo que decía se oía por los micrófonos y después los productores me decían: "Es que tú eres tan buena".

Acabó la última tanda de comerciales y Natalia y yo nos agarramos de la mano. De unas escaleras que estaban al fondo del escenario bajó Aleyda Ortiz, la reina saliente, con la corona de ese año en la mano. Caminaba lento. Yo quería que todo se acabara. Al fin y al cabo, ya me había ganado veinte mil dólares (como ven, exageraba, no iba a irme con las manos vacías) y con ese dinero partiría a México a estudiar en el CEA. Además, me había llevado el primer lugar en dos retos de la competencia y me habían pagado quinientos dólares semanales por estar en la mansión durante tres meses. Saqué mi cuenta. Iba a salir del concurso con $26.000. ¡Qué más podía pedir!

Comencé a orar. Cuando sonó la voz de Javier diciendo: "La nueva reina de *Nuestra Belleza Latina* es…", yo ya estaba absolutamente exhausta, como en la recta final del maratón más largo del mundo. ¡Que se acabe, que se acabe! De nuevo escuché la voz de Javier, que repitió: "Es…"

Entonces pasaron tres segundos. Tres.

He visto el video mil veces…

Los he contado.

Y en ese brevísimo tiempo vi toda la historia de mi vida proyectarse frente a mí, todo lo bueno, todo lo malo, la sucesión de azares y propósitos que me habían colocado en ese instante, en ese lugar del universo.

Y entonces de pronto, Javier interrumpió mi recorrido por los recuerdos y dijo:

"¡Francisca Lachapel!".

Todo el mundo gritaba y saltaba. Yo no podía salir de mi asombro. Abracé a mis compañeras como sosteniéndome de ellas para mantenerme en pie, y decía: "Gracias, Dios mío", una y otra vez. En ese momento, ese era todo mi vocabulario. Me olvidé del protocolo. Lloré y entretanto la corona seguía en manos de Aleyda, la reina del año anterior. A mi alrededor, la gente festejaba. Vi a los maquillistas saltando, los de audio saltando, emocionadísimos, porque nadie esperaba ese resultado. En Azua mis paisanos salían a la calle y explotaban de la alegría. La corona finalmente brillaba en mi cabeza. "Gracias, Dios mío", seguía diciendo.

Por fin había llegado a la cima de mi hermosa montaña.

Por fin le iba a cumplir el sueño a Mami de regresar a Azua en medio de una gran caravana.

Como lo que siempre soñé.

Como toda una reina.

Como la primera dominicana en ser coronada Nuestra Belleza Latina.

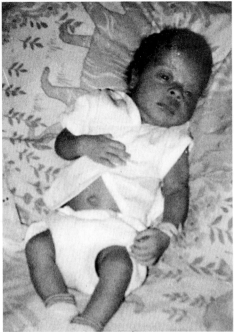

A más o menos un mes de nacida en la cama de mis padres en nuestra casa en Azua, 1989.

Mi primer cumpleaños en mi casa en Azua, 5 de mayo de 1990. Mi mamá dice que siempre tenía esa cara de pocos amigos y que no sabe cómo me volví tan simpática después, jeje.

A los seis años con mi hermano Ambioris (cinco años), disfrutando de unas fiestas en el parque central del pueblo de Azua, 1995.

Mi hermano Ambioris, mi mamá y yo en una gran reunión que hacen los testigos de Jehová, donde se juntan todos los creyentes de diferentes partes y hacen actividades y charlas para fortalecer la fe, 1998. Esa fue la etapa en que mi madre era testigo de Jehová y, por consiguiente, esa fue nuestra educación bíblica por los siguientes años.

Con mis compañeras de clase con las que pasaba la mayor parte de mi tiempo; siempre estábamos unidas. *Arriba, de izquierda a derecha:* Adriana, Yeiri, Suki, Paola y Kati. *Abajo, de izquierda a derecha:* Sonia, Patricia, yo, Carolin y una chica que conocimos ese año.

Este retrato fue un regalo de cumpleaños que me hizo mi madre cuando cumplí catorce años en 2003. ¡Me sentía tan bella! Me la tomaron en un estudio fotográfico que tenían unos vecinos.

Celebrando mis quince con mi mamá y mi tía Antonia en Azua, 2004. Éste fue el día de la sorpresa, y mi mamá y yo acabábamos de regresar de la capital.

Celebrando mis quince junto a mi hermana Sujarni, mi hermano Ambioris y mi hermanito Dailín, hijo de mi padrastro Porfirio, en mi casa en Azua, 2004.

Con mi hermano Ambioris y mi hermanito Dailín.
Esa fue mi primera graduación y la única, realmente.
Me gradué de computadora de Servicios Computarizados
Azuanos (SECOM) en Azua.

Estaba lloviendo la madrugada de las audiciones. Yo esperaba impacientemente a que abrieran las puertas del hotel para conseguir mi pase para irme a Miami a competir por la corona de *Nuestra Belleza Latina* y un contrato con Univision. Era mi gran atajo al éxito. "Los principios difíciles terminan con finales asombrosos". Y así fue. 4 de octubre de 2014.

Sentada en la sala donde serían las audiciones, 4 de octubre de 2014. Tenía los papeles en la mano, esperando a que me llamaran para mi audición. Estaba nerviosa, pero muy feliz.

Mi adorada Mela, haciendo de las suyas en *Despierta América*.

Momentos después de ser coronada Nuestra Belleza Latina. El día en que cada esfuerzo, cada lágrima y toda la dedicación valieron la pena. 12 de abril de 2015. (Univision Communications Inc.)

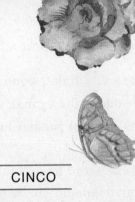

CINCO

La tormenta tras la tormenta

La noche en que cumplí mi sueño de ser Nuestra Belleza Latina no quería dormir.

Cuando terminó el *show*, justo después de la coronación, me llevaron al programa de Univision, *Sal y Pimienta,* y después asistí a una fiesta que hace Univision para celebrar el final de cada temporada.

Me sentía como una princesa. Una princesa que estaba sentada en una nube. Llegué de última a la fiesta porque tuve que hacer antes varias entrevistas, ir al hotel y cambiarme el vestido por uno azul. Estaba con mi marido y su mamá.

Desde que empezó el concurso le había pedido a mi esposo que no viniera a visitarme para ahorrar dinero. El plan siempre fue que viniera a verme en la gran final.

Las felicitaciones llovían en la fiesta. Todos me decían que estaban seguros de que yo iba a ganar. Yo solo sonreía y me sorprendía al ver como a todos les parecía que la cosa

109

había sido tan fácil… Todos, según me decían, estaban seguros siempre de que yo iba a ganar, y yo que sentía que había cruzado, como diría mi paisano Juan Luis Guerra, el Niágara en bicicleta.

Esa noche me retiré temprano porque al día siguiente tenía que estar temprano en *Despierta América*. No pude hablar con mi mamá porque de la emoción se descompuso y aunque no me contaron la verdad, para no preocuparme, me acosté pensando que las veces que la había llamado no la había encontrado por que andaba celebrando en el pueblo.

Dormí repasando en mi cabeza todo lo que acababa de pasar y cuando desperté en la mañana estaba cansada pero muy feliz.

Entré al edificio de Univision sin sospechar que se me estaba abriendo la puerta por la que se iba a colar el éxito en mi vida. Por la que iba a entrar en un futuro todas las madrugadas a conectarme con la comunidad hispana de Estados Unidos. Por la puerta en la que yo iba a cumplir el sueño de trabajar en el programa matutino número uno en español en los Estados Unidos. El mismo que yo veía para agarrar fuerzas cuando vivía en Nueva York.

En *Despierta América* todos fueron muy cariñosos. Me recibieron con la misma alegría que uno ve en la tele. Todos me parecieron personas reales como yo.

Y ese día yo sí era real porque hasta corona tenía.

Recuerdo que esa mañana yo dije en *Despierta América* algo que he repetido muchas veces y que hoy quiero dejarlo aquí muy bien escrito para todos los padres:

"Yo crecí en mi vida con muchas carencias. Me faltaron

muchas cosas materiales, pero nunca, nunca me faltó el amor".

Ese primer día se lo agradecí a mi mamá con más fuerza que nunca. La producción de *Despierta América* me sorprendió con la llamada de mi mamá en vivo. Fue demasiado emocionante.

A las cinco de la tarde, después de todo el día de entrevistas, regresé a la mansión para grabar un *tour* para un segmento en el que recorría el lugar. La casa estaba vacía y mis maletas, preparadas. Y lloré de nostalgia porque sabía que no volvería al que había sido mi hogar durante tres meses.

Habían pasado por mi mente tantas cosas. Todo lo que aprendí, sufrí, disfruté, cuánto me encariñé con algunas de las chicas. Creo que nos pasa a todas, que ya el último día estamos listas para cerrar el capítulo.

Como ya he dicho antes, soy muy tímida y si algo no me gustaba de la competencia era posar en bikini. Lo odiaba. Sin embargo, a la reina siempre le hacen una sesión de fotos en bikini en la mansión, de la que no pude librarme. Y esta vez tenía que añadirle la corona al bikini. ¡Qué vergüenza! En esa sesión fotográfica grabamos un segmento de moda y todo el mundo se sorprendió porque manejé el segmento y la entrevista muy bien. Creo que fue la primera vez que el equipo de producción se dio cuenta de que Mela era un personaje que no definía todo mi potencial. Mela hace reír, pero Francisca puede reportear y entonces comprendí que la corona no era el final del viaje, sino el comienzo del verdadero reto.

Ahora tenía que llevarla puesta y probar que la merecía.

Los días tras la final fueron una locura. Hacía entrevistas, grababa segmentos, todo el mundo me daba consejos. En Univision me llevaban a todas partes. La cadena estaba indecisa de si ponerme en *Despierta América*, cuya productora siempre me quiso, o en *El Gordo y La Flaca*, cuya producción también me quería.

Al final decidieron que por mi personalidad encajaba mejor en *Despierta,* y por el formato del programa yo podía hacer entrevistas y comedia. Me dijeron que sería reportera y que también querían a Mela.

Nos querían a las dos.

Inicialmente iba a estar dos días a la semana en el programa, querían que fuera la "reportera del pueblo", pero nunca llegué a serlo, porque cuando Luzma me dijo que fuera dos días le respondí que, si ella quería, yo podía ir todos los días. Ella no lo dudó, y así comencé mi aventura en *Despierta América* como copresentadora, cinco días a la semana.

Mi vida cambió mucho a partir de ese momento. Por ejemplo, el contrato de *Nuestra Belleza Latina* era por un año, pero poco después me dijeron que iba a quedarme fija por tres. Y justo se me ocurrió comentarlo en una entrevista. Estaba tan entusiasmada. Pero me dieron un regaño y me explicaron que no podía andar diciendo eso, ni cuánto recibía, etcétera.

Primera lección: la gente que trabaja en la televisión no puede contar todo lo que le pasa.

A los dos días de ganar ya estaba trabajando en *Despierta América* de lunes a viernes y desde las cinco de la mañana. Por un mes, viví en un hotel y tuve chofer, hasta que me dijeron que debía buscar un lugar donde vivir. Trabajaba mucho y tenía muchas cosas que hacer. Y Rocky, que se había regresado a Nueva York, me decía por teléfono: "Si yo estuviera ahí, te resolvería eso".

Ahí recordé que había dejado una vida en Nueva York…

Desde 2015 mi vida no ha parado. Gracias a Dios, porque tengo trabajo y puedo ayudar a mi familia, pero perdí a mi marido y a muchas personas en el proceso.

EL REVÉS DE LA CORONA

Físicamente es duro porque duermo de cuatro a cinco horas diarias, y ya me resigno a dormir los fines de semana si no viajo. Antes de esta bendición, que ha sido una carrera en la televisión, yo hablaba con mi mamá dos y tres veces al día. Lo máximo que pasaba sin hablar con ella eran dos días. Eso ha cambiado. Tenía amigos del restaurante y amigos con los que iba al parque en Nueva York que tenían mi nuevo número, y ahora me llaman y no contesto, no porque no quiero sino porque no puedo. Empiezan los reclamos, los distanciamientos, la presión de tu familia y de tus amigos.

La presión del medio por todo lo que tienes que iniciar, todo el mundo te dice que tienes que aprovechar las oportunidades, que las oportunidades son pocas. Es un sentimiento agridulce porque las primeras semanas todo el mundo está contento y feliz por ti, sientes ese cariño y orgullo, tu teléfono no para de sonar. Todo el mundo que te quiere y apoya gana la corona contigo. Mi mamá la ganó, se la dediqué a ella porque el peso que implica lo pagamos todos. Vienen los amigos con el miedo a que te alejes y que no los quieras igual. El hecho de que no los llame no signifique que los dejé de querer. Estoy aprovechando una oportunidad que quizás no dure toda mi vida. Este es el momento de vivirla y cómo me gustaría sentir esa comprensión de mis seres queridos.

De las chicas del concurso, conservo amigas cordiales, pero con ninguna desarrollé una amistad trascendental. Cada una comenzó a seguir su camino, a involucrarse en cosas. Bendito sea Dios, a mí me llegó oportunidad tras oportunidad. Yo no duermo desde el año 2015. Eso no le había pasado a ninguna reina.

Mi hermano decía que él resentía que siempre estaba ocupada y por esa razón era mejor que lo llamara yo cuando pudiera. Tengo dos amigas de toda la vida que ya no me hablan. Dicen que cambié y que no soy la misma. Pero no es que haya cambiado, sino que me hicieron copresentadora del *show* matinal más importante de la televisión hispana en los Estados Unidos. Me di cuenta de la repercusión y el peso de esta responsabilidad tres meses después de entrar al programa. Un día no recuerdo qué dije en Twitter y varias personas empezaron a retuitearme. Me di cuenta de que mis redes sociales ya no eran mías solamente, sino que ahora tenía una responsabilidad, una voz y un *show* al que representar.

Pese a los sacrificios y desafíos de mi nuevo trabajo, de repente veía materializados mis sueños de niña. Ahora era una persona famosa. Caminaba por la calle y las personas se me acercaban, me pedían autógrafos, ¡a mí, a la azuana! Recuerdo que cuando firmé mi primer autógrafo me moría de los nervios y me temblaba el bolígrafo en la mano, era algo muy nuevo para mí, muy intimidante. Recuerdo que pocos días después de haber ganado entré a un *mall* en Miami y la gente empezó a acercarse, a tocarme, a pedirme autógrafos. Entonces una señora se me acercó y empezó a llorar y a decirme que gracias a mí ella había recobrado la fuerza, había creído, tenía ganas de luchar por sus sueños; que muchas veces le habían dicho que no y que ahora ella había decidido luchar por todo lo que quería, que nunca es tarde. Saludé a tantos como pude y agradecí su generosidad, pero me puse muy nerviosa y tuve que irme. Recién entonces me di cuenta del significado de ser una figura pública.

En general, la gente me decía cosas muy bonitas. Mi correo electrónico se abarrotó de mensajes de gente dándome las gracias porque a partir de mí veían esa posibilidad de que los sueños se hacían realidad. Y no estaban lejos de la verdad. Realmente, yo estaba viviendo ese sueño: yo era la que se levantaba todos los días agradecida, boquiabierta y pellizcándose, preguntándose: "¿En realidad esto está pasando? ¿Soy yo a quien esas personas admiran y quieren?". Era algo increíble, pero nada como lo que viví días después en mi tierra.

LA REINA DE AZUA

Por fin llegó el día en que debía regresar a mi pueblo. Como lo había visto en mis sueños. Habían preparado muy bien mi viaje a la República Dominicana, pero nunca imaginé que esa visita iba a ser de tal magnitud.

Encontré una caravana de aproximadamente diez kilómetros. La verdad, mucho más larga de lo que le prometí a mi mamá en nuestra despedida.

¡Diez kilómetros! Había miles de personas en la calle que me daban la bienvenida, me aplaudían y gritaban. Había madres con sus niños, carteles con mi nombre y mi rostro. Aquello fue una locura que empezó a la una de la tarde y terminó a las once de la noche. Tuve prensa, fui al palacio presidencial, los políticos me recibieron por todo lo alto. Hubo una transmisión en vivo de una hora en mi país cuando yo hablaba, cuando los jóvenes me hacían preguntas en una rueda de prensa grandísima.

Recién ahí me reencontré con mi mamá después de casi un año de no verla. El abrazo que le di... fue como decirle: "¡Te lo dije!". Y me acuerdo que ella me miró, me abrazó, me tocó la cara y me dijo: "Yo no tenía idea que tú eras tan valiente. Yo siempre he creído en ti, pero no sabía que ibas a llegar hasta al punto donde estás".

La gente empezó a recibirme desde el pueblo de Baní, que queda una hora antes de llegar a Azua. Todos estaban en las calles. Todo Azua estaba en la calle. Había niñas, señoras. Todo el mundo lloraba, mis vecinos, todos mis hermanos. Todo era júbilo y fiesta. Todos estaban orgullosos y me recibieron como una verdadera reina. Me decían cosas, me empujaban, me abrazaban. Fue algo muy bonito.

Nunca se me va a olvidar la cara de mi madre sentada a mi lado, súper orgullosa de mí, súper feliz. Ella también se sentía como una reina, como que en realidad había ganado la corona. De pronto recordé una de esas cosas que le decía por teléfono cuando vivía indocumentada en Nueva York. Como te conté, ella tenía mucho miedo de morir y que yo no estuviera ahí si eso pasaba. "Si me muero, no te atrevas a regresar porque ya no habrá nada que hacer", me decía. Yo también temía eso, claro, pero la consolaba: "Ay, Mami, no te preocupes; yo voy a regresar cuando tú estés lista. Regresaré en una caravana, la gente me recibirá y estará muy feliz, voy a entrar al país por todo lo alto". Ella se reía con esas cosas que inventaba, pero ahora todo eso estaba frente a mí, casi al pie de la letra. Eso fue lo más impresionante: ver cómo, otra vez, algo sale de mi boca y Diosito lo plasma en una maravillosa realidad.

Creo que los dominicanos estaban felices no solo por mi triunfo en *NBL*, sino también por la forma como gané. Todo el asunto de ser la candidata "fea" hizo que la corona fuera también una reivindicación. Lo que hizo posible ese triunfo había sido algo más sustancial que la mera belleza. La gente se había puesto del lado de la "candidata del talento" y había ganado junto con ella, en contra de esa voz oficial que decía que ese no era (o no debía ser) su lugar. *Nuestra Belleza Latina* tiene esa particularidad. Creo que después de *Miss Universo*, es la corona más importante que existe en Latinoamérica. Y no es por quitarle mérito a *Miss Universo* o porque yo haya ganado ese concurso, pero en *Nuestra Belleza* la ganadora no solamente es una modelo que anda por ahí, viajando por el mundo y tomándose fotos, sino que además tiene la oportunidad de hacer una carrera permanente, de cambiar su vida para siempre. A veces las chicas de *Miss Universo* terminan su año y ya nadie se acuerda de ellas porque son solamente un producto. *NBL* te convierte en un producto, pero un producto real, con sentimientos, que piensa, con el que la gente se identifica y que la gente ama. Es algo muy grande.

UNA CUESTIÓN DE IMAGEN

Definitivamente, las cosas habían cambiado, y de una forma muy concreta. Después de ganar *NBL* seguía saliendo a la calle como si nada, con unos tenis, unos pantalones, sin maquillaje, y empiezo a ver que la gente empieza a reconocerme así y a pedirme fotos. Entonces me dije: "Fran, tu vida ha cambiado un poco, debes de asumir eso con un poquito más de responsabilidad y cuidarte y andar presentable". Ya no eres una desconocida; la muchachita de Azua que se subía al techo a pedir sus sueños ya no era solo de Azua. Era del mundo, "de Azua pa'l mundo". Eso era algo muy poderoso y bello. Pero no todo era así.

Obviamente, enfrentarte a la fama demanda unos sacrificios. Mucha gente no lo sabe, pero hubo un tiempo donde mi madre se enojó conmigo. Duramos unos tres meses sin hablar o nos hablábamos apenitas por mensajes de texto, porque primero yo no tenía mucho tiempo. En mi año de reina viajé por todo Estados Unidos y no paraba de trabajar. No paraba. Terminó *Nuestra Belleza Latina* y pasé a una competencia más grande, que es estar en los medios de comunicación. Casi no podía hablar con ella. Cuando trabajaba en el restaurante la llamaba prácticamente todos los días, o tres veces por semana. No pasaba dos días sin hablar con ella. Aquí me he pasado hasta una semana sin hablar con ella, solamente por texto, y eso empezó a afectarla porque extrañaba a su hija y porque salieron sus inseguridades. Ella decía: "Ya la perdí, ya mi hija cambió".

Mi mamá también se alejó de mí. Se calmó cuando vino a los Estados Unidos y vio mi ritmo de trabajo. Pudo acompañarme un día y no dio más.

Mi hermano también se fue apartando, mis amigos en mi pueblo ya no me querían hablar, o me hablaban y me trataban como si fuera una celebridad. Olvidaron que sigo siendo la misma Francisca de siempre, solamente que ahora vivía unas circunstancias diferentes, de mucha responsabilidad. Ahora tenía que enfrentarme a ellas con toda la disposición, con toda la entereza.

Siempre he sabido que estar en los medios es como una lucha. Dicen que lo importante no es llegar sino mantenerte y ahora entiendo por qué. Mantenerte en la televisión es bello, es una carrera hermosa con muchísimos beneficios porque ayudas a las personas, porque es un trabajo extraordinario, pero el precio que se paga es alto. A veces, en los días festivos, todo el mundo está con su familia menos tú, y en la mayoría de los casos, como el mío, la familia no está acostumbrada a la televisión, el reconocimiento y la fama. Entonces es muy difícil que ellos entiendan que eres la misma persona y que solamente estás trabajando en circunstancias diferentes. Es difícil. Empiezan a llamarte, a presionarte, a tratar de asegurarse por todos los medios de que tú siempre serás parte de ellos y estarás con ellos, y olvidan que hay un lazo natural que nunca nada lo puede romper, como el amor de madre, el amor de hermano, el amor de la familia.

Yo le pedía mucho a Dios que, independientemente de todo lo que estaba pasando en mi vida, siempre me ayudara a mantener los pies en la tierra y recordarme de esa niña que salió de Azua llena de sueños e ilusiones; y que siempre me permitiera recordar de dónde vengo y disfrutar de lo que tengo, pero no creérmela nunca. Este es un medio donde todo es también muy pasajero, donde de repente un día estás y el siguiente posiblemente ya no estés más. Como yo era consciente de eso, lo único que quería era aprovechar las oportunidades, de modo que trabajaba día y noche y decía sí a todo: adonde me mandaban yo iba. Ahora no es diferente, pero en ese momento tenía todas las ganas de comerme el mundo. No quería que nada ni nadie me detuviera.

Como he mencionado, eso me trajo problemas con mi familia. Afectó la relación con mi madre, que es el amor más grande que tengo, la persona más importante en mi vida. Me alejó un poco más de mi hermano por un tiempo, hasta que pude hacer conciencia de eso y empezar a conectarme otra vez y tratar de utilizar las herramientas que tenía a mano para que ellos entendieran que las cosas habían cambiado, pero mi esencia no había cambiado ni iba a cambiar nunca. Por muy alto que camine, por muy alto que me lleve la vida, que me lleve Dios, que me lleve esta bonita aventura en que se ha convertido mi vida, nunca dejaré de ser Francisca la de Azua, la muchacha del teatro, la muchacha humilde y soñadora de la República Dominicana. Y lo han ido entendiendo poquito a poquito, "suave suavecito", como dice Luis Fonsi.

LA TELEVISIÓN DESDE ADENTRO

Cambiar mi vida familiar fue uno de los sacrificios que debí hacer tras la corona. El otro fue la competencia dentro del ámbito laboral. El trabajo en la televisión exige mucha preparación. Todos ven las fotos bonitas y reconocen al artista, que aparentemente siempre está de rumba; pero generalmente estás trabajando. Tienes que prepararte, tomar clases y nunca es suficiente porque siempre hay alguien que te critica. Llegó un momento en que me empecé a sentir muy presionada y me dio una depresión muy fuerte. Es irónico cómo, cuando tienes todo lo que has deseado, de repente sientes que no estás feliz, que no estás viviendo las cosas como te las imaginaste.

Eso sucedió porque trabajo a diario en *Despierta América*. Todos los días me despierto a las cuatro de la mañana. De repente me mandaban a cubrir *Sal y Pimienta* u otro programa. Sentía que estaba como el arroz blanco: en todos lados en Univision.

De pronto, me llamaron a participar en una novela y tuve que irme a vivir a México por dos meses para eso. Esa oportunidad se dio de un modo muy loco. Me enviaron de *Despierta América* a cubrir la presentación de una novela que se llama *Despertar contigo*. En los estudios de la novela hice todo con mucha simpatía, mucha luz, como la gente me conoce. Fui a entrevistar a los actores y cuando vi al director le pregunté bromeando si no tenía un papel ahí para mí, que yo lo hacía, que me pusiera para así hacer la entrevista un poquito más amena. Bueno, el asunto pasó entre risas. Dos meses después tuve que irme a Nueva York porque era el festival de la República Dominicana. Cuando llegué me di con la sorpresa de que estaban ahí los actores y el director de esa novela. Y cuando él vio la acogida que me daba la gente en Nueva York —me abrazaba, lloraba, se me acercaba y me amaba de esa manera—, relacionó esa escena con un personaje que estaba disponible en su telenovela. La gente de la novela y yo viajábamos juntos en un bus y yo los hacía reír. De pronto, el director me preguntó: "¿Tú puedes trabajar en México?". Yo, sin saber si podía o no, le dije: "¡Claro que puedo trabajar en México!". Él me dijo: "*OK*". Se quedó viéndome y le dijo algo a Daniel Arenas, el actor protagonista de *Despertar contigo*. Entonces Daniel empezó a decirle maravillas de mí, que si él no conocía a Mela, etcétera. Recuerdo que sentí un impulso muy grande de decirle: "Muchacho, hago lo que tú me digas", algo como para meterme más en esa oportunidad, pero una voz dentro de mí me dijo que me callara. Siempre digo que esa voz es un sexto sentido y he aprendido a escucharla y hacerle caso porque generalmente tiene razón y dice la verdad. Creo que esa voz viene de Dios. En ese momento me dijo: "Cállate, no digas ni media palabra. Ya las cartas están echadas en la mesa. Quédate tranquila, que Dios va a hacer lo que tenga que hacer". Entonces junté mis manos y empecé a decir: "Por favor, Diosito, por favor, Diosito, que me la den, que me den esa oportunidad". Efectivamente, dos días después llamaron a Univision para pedir mi participación en la novela. Todo eso pasó durante solo un año.

VIVIR UN SUEÑO Y NO PODER DORMIR

Lo que ha pasado conmigo ha sido fuera de este planeta. Todos los sueños que le he pedido a Dios, me los ha mandado en tiempo récord. Solo agradezco a diario mis bendiciones, el hecho de poder servir de inspiración para otros y también que otros puedan, a través de mí, ver su reflejo y entender que si esta muchachita de Azua pudo, ellos también pueden. El único sueño que me falta realizar es tener una familia, encontrar al príncipe y tener tres hermosas niñas, porque quiero tener niñas. Si tuviera un varón, lo amaría con locura, pero siempre he querido tener niñas. Es un sentimiento muy egoísta. Yo digo que las niñas siempre son de la mamá y se quedan con ella toda la vida. Quiero a mis hijas siempre para mí.

Pero no se crean que cuando uno consigue lo que quiere, las cosas comienzan a marchar a la perfección. No, señor. Las exigencias en *Despierta América* empezaron a hacerse más fuertes. Querían que estuviera más preparada, que hablara mejor. Mientras tanto, tenía muchas cosas pasando al mismo tiempo: mi divorcio, del que les hablaré más adelante, problemas con mi familia… Después me fui a México a vivir dos meses. Allá hacía *Despierta América* y vivía el sueño de mi infancia de ser actriz de telenovela, que empezó cuando veía la Belinda en *Amigos por siempre* y decía: "Yo quiero hacer una telenovela".

El caso es que dormía un promedio de tres, cuatro horas, no comía muy bien, tenía mucho trabajo y mucha presión, y entonces empecé a desgastarme y a perder el enfoque de las cosas. O sea, estaba en todo y mentalmente no estaba en nada. Todo eso empezó a afectarme y me deprimí de una manera horrible, como que me estaba quedando sin luz. El cabello se me dañó más de la cuenta. En realidad, fue un proceso muy difícil porque comencé a sentir que no era valiosa, que ese no era mi lugar, que a lo mejor me había equivocado de carrera. Y todo porque en menos de seis meses me quedé sin un *show* del que yo pensaba que iba a ser la conductora y, a los dos meses, cancelaron otro *show* que pensé sería todo un éxito… Así es la televisión… Se parece mucho a la vida…

Muchas veces no quería ir a trabajar. Esa Francisca que llegaba e iluminaba todo de repente no tenía esa luz. Todo el mundo comenzó a preguntarse qué me pasaba.

El caso es que también me afectaba que me estuvieran pasando tantas cosas sorprendentes y al final llegaba a casa y no tenía con quién compartirlas. Estaba totalmente sola y eso me ponía un poco loca. Además, comencé a sentir la carga de todo el trabajo y de todo el esfuerzo que había hecho desde antes de ganar *NBL*, dos años antes, cuando comencé a prepararme para el concurso. Luego de eso vinieron los meses que viví encerrada en esa mansión, compitiendo, luego gané. Y nunca hubo un *break*. Continué trabajando en todas esas cosas maravillosas que me pasaban, pero creo que humanamente, físicamente, en algún momento iba a sentir el efecto, que al final fue ese, deprimirme. A veces uno ni se da cuenta de esa tristeza. Yo no me di cuenta. Solamente sabía que me sentía mal y me preguntaba: "¿Por qué me siento mal si tengo todo lo que quiero?". Pues, porque, obviamente, estaba pasando por una depresión producto de tantas cargas. Estaba recibiendo mucha información que debía procesar sobre la marcha. Y estaba sola para lidiar con todo eso.

Llena de gente a mi alrededor... pero completamente sola.

SEIS

Abre la puerta que llegó Zac Efron

Aquella mañana de mayo de 2017 me sentía muy triste. Era viernes y en dos días era el Día de las Madres en los Estados Unidos. Todos los inmigrantes sabemos lo difícil que es celebrar fechas especiales sin tener cerca a nuestros seres queridos. Este día no iba a ser la excepción.

Amanecí muy deprimida, sin deseos de trabajar, con muchas ganas de llorar, sin saber por qué, hasta enferma. No quería faltar ese día al trabajo porque me gusta ser responsable. Pero qué difícil es hacer las cosas cuando uno no tiene ganas.

Y para rematar ese día tocaba celebrar en *Despierta América* a todas las madres. Empezaron diciendo que era un día en el que iban a pasar cosas inesperadas. Yo no presté mucha atención porque no me sentía bien en la primera hora del *show*. La primera sorpresa que anunciaron fue la mamá de William Valdés, el chico que manejaba las redes sociales del *show*. Cuando vi que se abrazaron pensé en mi mamá. En las ganas que tenía de sentarme a hablar con ella. De darle un abrazo. Mi productora interrumpió mis pensamientos para darme instrucciones. Iban a entrar los actores de la película *Baywatch* y yo tenía que abrirle la puerta a Zac Efron.

No estaba mal…

Sonó el timbre y salí muy dispuesta a darle la bienvenida al guapetón de los guardianes de la bahía y cuando abro la puerta… ¡Sorpresa!

¡La que llegó fue mi mamá!

Me sorprendí mucho. No sospeché ni un minuto que iban a traerla. Cuando la vi, no quise echarme a llorar sino darle un tono cómico. Así que le dije:

"¡Ajá, conque ahora vuelas sola, no tuve que buscarte al aeropuerto! Ya no me necesitas".

Ella se rio, la abracé muchas veces y entonces no pude más. Comencé a llorar porque no podía aguantar la emoción.

Un año antes mi mamá había venido a los Estados Unidos por primera vez con su visa, que por cierto, le costó Dios y ayuda para que se la dieran. En aquella oportunidad la llevé a Nueva York y pude mostrarle todos los lugares de los que tanto le había hablado por teléfono cuando no había ni esperanzas —ni dinero— de que ella viniera a verme.

En esos momentos es que te das cuenta de que para Dios no hay imposibles. Que todo en la vida se puede convertir en realidad. Es muy duro estar sola en este país. Creo que no hay un inmigrante que diga lo contrario. Yo, por ejemplo, no tengo ni un primo para ir a tomarme un café y contarle lo que me pasa.

Trato de enfocarme y de seguir adelante, pero eso no quiere decir que deje de ser difícil. Hay días en los que solo quiero llorar, que necesito un abrazo, días que no quiero trabajar, que necesito hablar con alguien. Esta es la realidad de muchos inmigrantes que dejan a sus familias para brindarles un mundo mejor. Anhelas tener dinero para darles una mejor calidad de vida y entonces anhelas tener el tiempo para disfrutar. Es una paradoja, el precio que tienes que pagar.

Cuando decidí venir a los Estados Unidos un amigo me dijo: "Tienes que calcular cuál es el precio que vas a pagar antes de emprender tu camino hacia lo que quieres". Efectivamente, tienes que calcularlo todo. El precio es estar en un país que no conoces, donde no dominas el idioma, donde vas a estar indocumentada y no conoces a nadie. Puedes tardar veinte años en ver a tu familia o tal vez nunca más lo hagas… todo para que los que vienen después tengan una vida mejor. Eso te pesa, te deprimes, pero al final sabes que lo estás haciendo para bendecir a las próximas generaciones. Como dije antes, yo creo en las bendiciones generacionales.

EL DÍA QUE ENTREVISTÉ A MI MAMÁ

Aprovechando que mi mamá viajó a Miami y que yo estaba en pleno proceso de escribir este libro se me ocurrió la idea de entrevistarla. Mi familia es gente muy humilde, pero entre ellos mi madre es la menos pobre. Por lo menos mi hermano y yo terminamos la escuela, y yo fui a la universidad. Ella nos empujó hasta donde pudo y aprendí de ella esas ganas de salir adelante.

Yo quería comprar una casa, tener un buen carro, una cuenta en el banco y que mis hijos y sobrinos crecieran en los Estados Unidos y fueran a la universidad. Eso era lo que yo, Francisca, iba a hacer por mi generación, y luego mis hijos lo iban a hacer por los que vendrían después. Eso hay que tenerlo muy claro para seguir adelante. Mi mamá se emociona mucho cuando cuento estas cosas. Y, teniéndola al frente, pude hablar con ella sin tener que ocultarle nada como tenía que hacer antes, para evitar que sufriera.

Mi mamá es el ser más importante que Dios me ha regalado. Ella me contagió siempre las ganas de luchar por mis sueños. Y ese amor tan grande que siento por ella ha sido lo que siempre me ha impulsado a atreverme a ir por más.

Estar con mi mamá en mi apartamento de Miami, tener un trabajo, poder hablar sin ningún estrés me motivó a grabar la siguiente conversación. Lo hago para que no pierdas la fe de que algún día tú, que quizás vivas lejos de quien amas como yo, puedas disfrutar por un momento de la simplicidad de hablar del pasado sin tener ya ninguna preocupación.

Mami, ¿por qué tú lloras ahora si ya no tenemos problemas como antes?
No me hagas caso. Mejor dame un cafecito… Tú sabes que la gente de los pueblos tiene esperanza en sus hijos cuando se van, pero yo no la tuve. Nunca quise que vinieras a Estados Unidos. Yo te decía: "Termina tu carrera, después te vas". Pero nunca me hiciste caso y te viniste. Y nunca me dijiste

que estabas mal porque no tenías trabajo, pero yo no sabía todas esas cosas que viviste. Todo el mundo en mi pueblo cree que acá se te abren todas las puertas con facilidad.

Yo también lo pensaba, de tonta.
Con el tiempo, cuando contaste tu vida en *Nuestra Belleza Latina*, recién me di cuenta de lo que había pasado. Pero cuando hablaba contigo, me decías: "Todo está bien". Recuerdo que cuando vendías ollas Prestige, me contaste que ganaste mil dólares con una venta en la primera semana. Y yo te decía: "No, Fran, ¿pa'qué tú me mandas ese dinero si aquí yo tengo. Quédate con eso, no me lo mandes". El hijo que es bueno con su mamá siempre tiene bendiciones, las bendiciones aparecen de donde uno no se imagina.

Siempre me lo has dicho...
Eso está en la Biblia y tengo pruebas de que es así; varias personas que están pendientes de sus padres prosperan; y aquellos que no veo con sus padres siempre andan con la palabra "necesito", quejas vienen, quejas van. Hay encontronazos en la vida. Tú eres buenísima, siempre estás pendiente, me das, pero también tienes dificultades y carencias. No es que me tengas que dar todo lo que tienes, ni la mitad. Yo me siento orgullosísima y feliz de todo esto.

En la audición de Nuestra Belleza yo conté que vine aquí sola con veintiún años, que dejé todo atrás y no tenía a nadie aquí, ¿recuerdas? Conté que padecí hambre y frío, y

que Dios me había pasado por el fuego para hacerme más fuerte. A medida que avanzaba el concurso nos hacían dar testimonios, donde contábamos todo, y luego entrevistaban nuestra familia. ¿Recuerdas las entrevistas que te hicieron?

Claro. Yo te veía tan inteligente, tan bien en la escuela, siempre meritoria, y luego en la universidad. Ahora te veo hecha una profesional, ese era mi sueño.

No me hice profesional, Mami, me hice reina.

Tú siempre lo entregas todo por lograr lo que quieres. Viniste para acá y después te vi en *Nuestra Belleza Latina*. Cuando contaste tu historia se me partió el corazón. Todo eso te lo buscaste, aunque todo haya sido de éxito. Dios siempre ha estado conmigo, eso fue de Dios.

Mami, cuando te dije que quería ser actriz, ¿qué me dijiste? Me dijiste que no, que me iba a morir de hambre.

Yo te veía de otra forma, como profesional, doctora. Cuando tenías cinco años me dijiste: "Yo voy a ser doctora para curarte".

Eso fue cuando supimos que eras diabética.

Yo pensé que mi niña se me estaba volviendo loca. Y tuve miedo porque en mi familia hay gente loca, y temía que pudiera pasarte lo mismo. Yo no creía en tus sueños de ser actriz porque decía: "¿Cómo alguien tan pobre como nosotros va a ser actriz? Eso es para gente rica".

Ese fue un conflicto heavy, que comenzó cuando me fui a la capital. La primera vez que me desprendí de ti fue para irme a Santo Domingo.

Teníamos muchas necesidades y yo viví una vida desordenada económicamente, debido a mis deudas. Siempre vivía a crédito. Mi mamá falleció cuando yo tenía diecisiete años y mi papá murió cinco años después. He atravesado momentos muy difíciles. Y cuando tu papá murió, me vi huérfana, porque él siempre les dio su comida y estuvo pendiente. Mis hijos no tenían la culpa, pero yo tenía que buscar un compañero para proveerles a mis hijos. Y encontré a este otro hombre. Yo le pedía a Dios que acabaran los pleitos de todos los días, porque él siempre estaba borracho y yo vivía sufriendo: "Sabrá Dios el daño que esto les estará haciendo a mis hijos", pensaba. Pero no les faltó comida. Eso tuvo un precio en mi vida; pasé dieciocho años aguantando. Tú al final me lo reclamaste: "¿Por qué sigues ahí?". Yo solo sabía que si él se iba, ustedes se iban a morir de hambre. Yo sacrifiqué todo ese tiempo y aunque teníamos… mira cómo vivíamos. Ese fue un precio que pagamos todos por los errores que cometí. Siempre he vivido queriendo a la gente, nunca creo que alguien pueda hacerme daño.

Yo te dije que iba a entrar a un concurso que me iba a ayudar a llegar a la televisión.

Sí, eso me lo dijiste cinco años antes de la vez que ganaste.

¿Cómo eran los domingos en Azua durante el concurso?
Eran un toque de queda. Todo el mundo veía el programa. Nada más de eso se hablaba. Las personas miraban *Nuestra Belleza Latina* en el parque, lo comentaban. Yo lo veía en la casa con todos los vecinos, en el patio, aunque primero empezamos en la calle y todo el mundo se sentaba frente a un televisor, como en un cine. Siempre teníamos la percepción de que no ibas a ganar.

Me decían que tenían el orgullo de que por lo menos yo había llegado ahí. Pero tenían las ganas de que yo ganara.
Seguía llegando la gente a mi casa: el gobernador de la provincia, el síndico, todas las autoridades del pueblo, líderes estudiantiles, juntas de vecinos. Todo el mundo iba a preguntarme, a hacerme entrevistas. Cuando me hicieron la primera entrevista durante el concurso, vi que la gente llegaba y se subía al techo y yo decía: "Pero, ven acá, ¿y qué es esto?". Me explicaron que lo estaban haciendo con cada una de las participantes.

Durante el concurso hicieron una campaña. Le crearon Twitter a todo el mundo, armaron un movimiento y le abrieron perfiles a la gente para que pudiera votar.
Claro, yo me acuerdo de eso.

La gente del restaurante en Nueva York mandó dinero para hacer una pancarta a la entrada del pueblo. Yo gané gracias al cariño de la gente. Mi participación se

hizo viral. Esa es la importancia del apoyo porque eso me mantiene los pies en la tierra para estar agradecida y no olvidarme, porque la fama es pesada. La gente pierde la cabeza cuando tiene toda la atención. Lo que a mí me ha pasado en dos años ha sido para haberme vuelto loca, pero cuando sentía que estaba perdiendo la cabeza me acordaba de donde vengo y cómo gané.

Allá la gente se fue contagiando prácticamente. Al principio éramos unos poquitos y luego éramos... uf. Fran, pero tú misma no creías que ibas a ganar. ¿Por qué ya al final querías la corona?

Mami, porque trabajé mucho por la corona. Yo lo veía tan lejos. Pero si voy a un concurso, tengo que saber qué quiero, qué voy a ganar a nivel profesional. No es meterme por meterte. Cuando lo tienes claro, todo te sale bien.

Para las cosas importantes de la vida siempre me pides que ore por ti. Y entonces yo le pedí a todo el pueblo que ore conmigo. Tú habías hecho la promesa de que cuando obtuvieras tu sueldo se lo ibas a dedicar al Señor, ibas a enviarlo a la iglesia donde orábamos por ti. Te pagaron tu sueldo, y lo mandaste. Me pediste que lo echara en la ofrenda para que beneficie a todo el mundo.

Un día me preguntaste: "Mami, ¿ya tú diste el dinero?", y yo te dije que sí, pero no lo había hecho. Yo lo tenía tan apretado porque no me quería desprender de él. Un día estaba en el servicio religioso escuchando al predicador y de buenas a primeras dijo: "La que tiene la camisa de cuadros rosados...". Me puso el dedo en la frente y me dijo: "Mire, es tiempo de dar, no de recibir. Dé lo que no es de usted". Ese pastor venía de otro pueblo, no tenía por qué conocerme, había llegado de San Juan de la Maguana a predicar. Y vino a decirme eso específicamente. Me puse a llorar. Pero él me predijo el futuro: "Las puertas del cielo se te abrirán, lo tuyo vendrá en abundancia". Cuando me calmé, fui al púlpito, eché el dinero y fui a sentarme de nuevo. Me dio miedo, cuánto miedo, ay de mí. Y tú no te imaginabas la necesidad que yo tenía.

Cuando tienes deudas y lo que tienes para tu mesa es arroz y berenjena, es fuerte. Yo supe esa noche que gané* Nuestra Belleza Latina *que eso no nos iba a volver a pasar.
Dios mío, ¡cuando ganaste eso fue una cosa tan grande en el pueblo! Esa noche la gente amaneció en la calle, fueron obligados a trabajar. Hubo una caravana yo no sé de cuántos vehículos. Cuando anunciaron "¡Francisca Lachapel!", me tuvieron que echar fresco.

A Dios no le agrada lo mal hecho. Mami, ¿por qué tú me empedrabas y cambiabas de reina en cada programa?
Niiiña, porque había doce participantes y lo importante era que entraras para que la gente te conociera, no para ganar. Pasaban las semanas y yo decía: "Francisca va a llegar a la final, pero eso va a ser de Natalia". Cuando ganaste, yo di gracias. Pensaba: "Mi vida cambió, gracias por tu maravilla, ya voy a dejar de pasar trabajo". Me mantuve diciendo "gracias, Señor", y lloraba y lloraba. Yo vi eso como un descanso, tenía muchos problemas económicos. Mi vida era un desas-

tre, pero empezó a cambiar desde entonces. Tú has pagado ese precio y has sido desprendida para ayudarme, sin tener culpa de los problemas que yo me ocasioné.

Ahora estoy arreglando mi casa, que es la casa donde naciste. Estoy bien agradecida. Lo tuyo es para largo con Dios.

SIETE

Haznos un favor, mátate

Yo supe que era bizca cuando la gente comenzó a decírmelo en las redes sociales. De pequeña había escuchado vagamente algunos comentarios. Recuerdo que mi mamá dijo en una oportunidad que a mi abuela le pasaba eso mismo, que tenía un ojo que se mete: "Eres igualita a tu abuela, hasta en el ojito".

Pero a mí nunca me hicieron *bullying* por eso. Además, no es algo realmente notorio, sino que aparece de repente en fotos. Pero las redes sociales lo veían en todo momento y las críticas podían ser despiadadas y crueles. En ese espacio virtual recibí el *bullying* más fuerte y espantoso de toda mi vida. Paradójicamente, también ahí, en mis redes, he recibido los mensajes más hermosos. Ahí he comprobado también que existen la admiración sincera y la solidaridad. Como si por cada comentario negativo hubiera una avalancha de corazones buenos escribiendo con la pluma de sus almas blancas.

A mí las críticas no es que me sorprendan. Ni que hayan venido guindadas de la corona. Crecí acostumbrada a esa burla humorística. En mi familia nos caracterizamos por mofarnos del otro. Nos tomamos el pelo como una manera de divertirnos, pero sin malicia y sin llegar a extremos. Creo que conocí el *bullying* cuando era pequeña, en el colegio donde me becaron. Era una escuela de niños cuyos padres tenían mucho más dinero que mi madre, que no tenía prácticamente nada. Haberme ganado esa beca tuvo ventajas y desventajas. Unas amigas mías eran hijas del dueño del supermercado del pueblo; otra, de la dueña de la farmacia del pueblo; otra tenía unos padres que viajaban a cada rato al extranjero; la mamá de otra era bioanalista y le había ido muy bien. Estudié con el hijo de un doctor del pueblo, y con el hijo de un gobernador. En fin, todas mis amigas y las personas que estaban a mi alrededor eran gente de dinero.

Todo empezó porque yo era una niña gordita, no era tan agraciadita de pequeña, pero eso es algo por lo que la mayoría de los niños pasamos en la adolescencia. Uno se va deformando. Te crecen primero los brazos, los pies y las manos y es como si tu cuerpo te quedara pequeño. A mí me tocó ser gorda y muy rara (me da gracia decirlo ahora, pero así fue). Era una de las más aplicadas en el colegio y siempre mis notas eran sobresalientes, pero la mayoría de los muchachos me hacían *bullying*. Claro, antes eso no se conocía como *bullying* o al menos yo no lo conocía con ese nombre. Hablábamos del "relajo" o decíamos "me atacan". El caso es que en la escuela me decían vaca, porque estaba pasadita de peso a mis trece años. La mayoría de los muchachos se ponían alrededor de la escalera, porque nuestro salón estaba en una segunda planta, y me decían: "¡Rueda, pelota, rueda, pelota!", hasta que yo terminaba de bajar. Esa fue una de las maneras como primero me enfrenté a los ataques y las críticas de otros.

Sin embargo, si bien es cierto que en mi adolescencia me llamaban gorda —o me decían que era la "lambona" de la maestra porque todas las maestras me querían por ser muy aplicada—, nunca nadie me había dicho fea, que yo recuerde.

Nunca.

De hecho, lloraba porque le decía a mi mamá: "¿Por qué me dicen gorda? Yo nunca voy a tener novio, todas mis amigas están flacas y son bien bonitas". Y mi mamá me consolaba: "Lo que te pasa es un proceso natural. A medida que vayas creciendo, irás cogiendo forma. Tú estás en plena adolescencia. Los niños prácticamente se deforman, su cuerpo va transformándose en lo que finalmente va a ser…".

Bueno, mi mamá me calmaba de esa manera y nunca me llevó a tomar decisiones graves, porque me hacía verlo como un relajo normal entre muchachos. Y era cierto: yo también le tomaba el pelo a cualquier otro, pero nada de eso pasaba a tener consecuencias más graves.

Efectivamente, me fui poniendo más grandecita y más en forma. No era flaca, pero tampoco era tan gordita. Era una muchacha inteligente. Todo el mundo me quería y en todo mi barrio yo era la más bonita: "¡La hija de Divina, qué niña más linda, qué niña más inteligente!". Nunca nadie me llamó fea, salvo mi hermanito, que me decía fea relajando, a lo que yo respondía: "¡Y tú eres más feo!". Era una burla sana, aunque ninguna burla es sana, en el fondo, pero en mi pequeño mundo así lo veía yo.

Todo esto te lo cuento porque quiero en este capítulo hablarte con mi corazón a ti que te sientes fea o feo. Y aquí te voy a contar algo que aún no he revelado.

Tengo que confesar que cuando yo decidí entrar a un concurso como *Nuestra Belleza Latina*, obviamente, sí pensé: "Cónchale, yo sé que no soy una muchacha fea, pero para el tipo de belleza que se requiere en estos concursos, yo estoy un poquito lejos de esa realidad". Al menos, eso era lo que yo pensaba. Iba a competir ahí y no tenía ni la estatura ni las características de una mujer que gana una corona. Pero en ese momento tampoco pensaba que era fea, como sucedió con todo lo que se me vino después. Durante mi proceso de preparación para el certamen, cuando me puse bastante flaca, mi cuerpo empezó a cambiar, y para mis compañeros en el restaurante y para todos me veía muy bonita.

La única persona que me dio señales de que algo así venía fue un doctor que me hizo unos exámenes de sangre para entregarlos a *Nuestra Belleza Latina*, a fin de saber si mi salud estaba bien. Me preguntó cuál era la finalidad de esos exámenes y le dije que eran para un concurso de belleza. Entonces me dijo que tratara de no invertir mucho en ese concurso. Algo así me dijo, no recuerdo exactamente sus palabras, y yo pensé: "Pero qué señor tan atrevido". Me sacó totalmente de órbita. Yo tampoco ayudé mucho a la impresión que ese médico se llevó de mí, porque yo fui a verlo hecha un desastre.

Rocky me estaba esperando afuera y le dije:

—Lacha, este señor me acaba de decir que no invirtiera mucho en ese concurso de belleza. ¿Qué me habrá querido decir? ¿Me habrá querido decir que yo soy fea?

—Tú no te preocupes —me respondió Rocky—, no le hagas caso. Eso es a lo que menos deberías prestarle atención.

Me quedé pensativa y luego se me pasó y volvimos al afán de nuestras vidas, el correcorre de la preparación para la competencia.

Decidí ir a *NBL* y en el camino empecé a sentirme insegura. Me acordaba del comentario del doctor y de una chica de una academia de modelaje a quien le pedí ayuda para entrenarme y que no me hizo mucho caso. En su mirada sentí como que decía: "¿Y adónde va a ir esta muchacha?". Aun así, ya me habían dado el pase y yo seguía con todas las ganas de concursar y dar el todo por el todo.

Tengo algo que a lo mejor la gente no imagina: el ochenta por ciento de las cosas que he hecho, las he hecho pese al miedo. Siempre tengo miedo. Es muy curioso porque mucha gente dice: "Me encanta Francisca porque no tiene miedo, porque es echada pa'lante". Me río y acepto esos comentarios, pero en lo único que aciertan es que soy echada pa'lante. Sin embargo, aprendí a vivir con el miedo y entender que es algo natural y que, independientemente de mis temores, deben ser más grandes mis ganas de hacer las cosas. Cuando entré en *Nuestra Belleza Latina*, me moría de miedo porque pensaba: "Voy a empezar una etapa en mi vida donde socialmente no caben mis características, pero ya estoy metida en este lío, tengo que seguir adelante".

EL ATAQUE A LA REINA

Cuando gané *NBL* mucha gente estaba contenta. Recuerdo bien clarito que los que trabajaban en Univision estaban felices y brincaban de emoción. Hay un video bien bonito donde están todos los maquillistas saltando, incluso los camarógrafos, y se los ve riéndose, aplaudiendo, diciendo que merecía ese triunfo. La primera vez que entré a las oficinas de Univision, iba caminando por el pasillo y la gente salía de sus cubículos y me aplaudía y me daba la bienvenida a la empresa. Fue algo hermoso y muy especial. Pero después todo eso empezó a ser empañado por la gente a través de las redes.

Lo que me pasó fue muy inusual, algo que no le sucede a la mayoría de las reinas. Yo gané y empezaron a lloverme bendiciones, aparte de la corona. A la semana ya tenía trabajo en el programa matutino número uno de habla hispana en el país. Y, aunque como ya les conté primero iba a ser solo reportera, pasé a formar parte de los presentadores del programa apenas una semana después de haber ganado *NBL*. Eso nunca le había pasado a una reina. Usualmente, las reinas se convierten en reporteras de algún *show* como *El Gordo y la Flaca*, o en modelos de *Sábado Gigante*, pero a mí me pasaron a *Despierta América* como copresentadora. Para mí y para toda mi familia eso fue algo muy grande.

Pero ahí también empezó mi encuentro más difícil con el *bullying*.

Estaba en el programa todos los días, desde las siete hasta las once de la mañana, y de inmediato aparecieron los comentarios en las redes.

Que si tenía la boca torcida…

Que si era bizca…

Que cómo yo había ganado si era la más fea…

Que no me sabía vestir…

Hubo gente muy cruel. Yo leía y releía esos comentarios y lloraba mucho porque no entendía cómo podía existir gente tan mala. Recuerdo que un 31 de diciembre salimos en vivo desde Nueva York y esa mañana al aire, les hablé directamente a los ojos a esos que me insultaban por fea y les conté el daño que podían estar haciendo.

Me criticaban todo: la ropa, el peinado, mi color de piel, me decían de todo. Así como había muchos que me querían, había muchos otros que me decían cosas horribles. En la final de *Nuestra Belleza Latina* nos habían preparado para eso, porque sabían de lo que estaba pasando en las redes sociales y nos decían que teníamos que estar muy listas para la agresividad de la gente. "Ahora pasarán a ser figuras públicas y esto tiene que ser algo natural para ustedes". Todas decíamos: "Qué *cool*, perfecto", pero la verdad es que nunca me imaginé que iba a sufrir tanta crueldad. La mayoría de las veces la gente me escribía maravillas, pero había otros que me decían que no sabía hablar, que me trababa, que mi acento era muy feo, todo lo que se puedan imaginar. "Ya saquen a esa prieta", decían otros. Era un sinnúmero de cosas que fueron quitándome, poquito a poquito, mi seguridad en *Despierta América*.

Eso es algo que poca gente sabe. Y que hoy aquí me atrevo a contarlo para que a ti, que a lo mejor te está pasando, no se te ocurra pensar que eres el único que ha sufrido el *bullying*

145

o que estás solo. A mí también me pasó. A mí también me robaron las fuerzas. Pero yo, igual que puedes hacerlo tú, me volví a levantar.

Siempre me ven activa y alegre, pero en realidad hubo un momento muy oscuro para mí en el programa.

Entre todos esos comentarios, hubo uno que fue la gota que derramó el vaso. Un día estaba leyendo los comentarios y este me llamó la atención porque venía en forma de pregunta:

"Francisca, ¿qué sientes cuando llegas a *Despierta América* y ves que todos a tu alrededor son más bonitos que tú? Si yo fuera tú, les haría un favor, me mataría y le daría oportunidad a alguien más bonito en televisión".

Así me lo dijo. Me dijo que me matara…

Empecé a llorar y de pronto *Despierta América* ya no era un lugar que me hacía sentir feliz. Recuerdo que cuando se prendía el botón rojo de la cámara, yo veía en mí a un monstruo. Me veía bizca, veía mis orejas grandes, sentía que hedía, me sentía asquerosa. Terminé totalmente acomplejada, al punto de que no quería ir al trabajo ni que nadie me hablara. Al momento de empezar a hablar, me trababa muchísimo más. Fue muy difícil. Salía del trabajo, terminaba corriendo la reunión y me iba como escondiendo, caminando por los pasillos de Univision. Entonces me subía al carro cuando Rocky me buscaba, llegaba a mi casa, me metía debajo de las sábanas a llorar y ahí me quedaba hasta el otro día. Iba a trabajar absolutamente arrinconada por la inseguridad, con miedo, mucho miedo, porque sentía que la persona que me había dicho eso estaba ahí frente a la pantalla, señalándome y diciéndome todas esas cosas horrendas.

Ese mensaje tardó mucho tiempo en salir de mi cabeza y me afectó muchísimo. Mi ánimo en *Despierta América* ya no era el mismo. Luz María me preguntaba qué me pasaba y después me decía que no olvidara que la gente me quería, que no perdiera la alegría, que era un medio muy difícil, pero que yo tenía que seguir adelante, y, sobre todo, que yo inspiraba a la gente… Eso me fue devolviendo la fe.

Todo el mundo dentro del pequeño círculo del programa empezó a notar esa diferencia, pero yo no le decía nada a nadie. Lloraba y lloraba todas las tardes y me hacía muchísimas preguntas: ¿por qué alguien puede llegar a decirle eso a otro?, ¿por qué esa persona tiene tan poco corazón de hacer algo así sin importar las consecuencias?, ¿por qué no me respeta si lo único que quiero es trabajar, echar pa'lante, ayudar a mi familia y seguir siendo una inspiración para los demás?, ¿por qué esa persona me ve como un monstruo?, ¿por qué me ataca así?, ¿qué le hice?, ¿qué mal le hice?

Así pasaban mis tardes.

Todo eso me produjo un bajón muy grande, pero tuve la bendición de contar con el apoyo de mi mamá y el de Rocky, mi amigo Rocky, porque él me dijo que esa era mi realidad a partir de ese momento y que debía entender que esas críticas iban a continuar. Me dijo que tenía que ser más fuerte o, de lo contrario, dejar que ellos me quitaran la corona por la que tanto había trabajado. Eso no era justo. Mi mamá me llamaba y me decía que me quería mucho. Nunca le conté de toda esa crueldad para no cargarla con esas cosas y siempre que hablaba con ella, me recordaba el lugar de donde vengo y me decía lo orgullosa que estaba de mí y lo feliz que se sentía por la oportunidad que yo había tenido en la vida.

ESTO ES LO QUE APRENDÍ

Si algo positivo pude sacar de esa experiencia amarga, era que ahora conozco mejor un tipo de oscuridad que no imaginaba posible. La Internet en general es una herramienta maravillosa y una fuente enorme de conocimiento, capaz de alcanzar los lugares más remotos del planeta. Nos da la posibilidad de expresarnos y lograr que nuestras voces se hagan escuchar, no importa dónde estemos.

Sin embargo, también permite que muchos puedan esconderse en el anonimato o ampararse en la distancia del mundo virtual para dar rienda suelta al odio, para hacer daño impunemente, sin temer castigo alguno ni limitarse a los términos de la convivencia armónica que debe primar entre los seres humanos.

El anonimato puede ser muy bueno para aquellos que ven su integridad en peligro si se enfrentan al poder, al crimen o a cualquier tipo de tiranía. Pero cuando se utiliza para hacer daño y denigrar, no es más que cobardía, la misma cobardía. Quien sea capaz de tirar la piedra, debería ser capaz también de mostrar la mano y asumir las consecuencias de sus actos y sus palabras.

En la vida, como ya les he contado en este libro, he visto la maldad en varias ocasiones y nunca ha dejado de tomarme por sorpresa. Pero siempre había tenido un rostro, un nombre, alguien con quien asociarla. Mi trabajo en la televisión cambió las cosas, pero también dejó lecciones que me hicieron levantarme. Estas son algunas de ellas:

- Lo que esa persona decía de mí no reflejaba mi realidad sino la suya.
- Me hice consciente de que en el mundo existe la envidia, sin importar si soy capaz de entenderla o no.
- Hay mucha gente que no ha logrado nada en su vida y tampoco quiere que tú logres algo.
- Hay gente que ataca solo por molestar.
- Hay gente que no conoce, ni tiene en su vida una mínima pizca de amor, ni generosidad ni compasión con los demás.
- Consciente de estas cosas, uno debe ser capaz también de perdonar, como manda Dios, y seguir con su vida con la conciencia tranquila y el corazón libre de cualquier sentimiento negativo.

El problema es que una se va volviendo adicta a las redes sociales y la opinión del público termina haciéndose algo demasiado importante. Todo esto es parte del mundo, aunque no nos guste. Es real y tenemos que aprender a vivir con ello. Yo tuve que decidir si iba a dejar que me quitaran la corona. Todos los seres humanos, todos los hijos de Dios —yo me considero una hija de Dios— nacemos con una corona, la corona de favor, de gloria y de gracia que Él nos da y que nos hace sus hijos. Es esa corona que te dice que estás en este mundo para ser algo especial o, al menos, que todo lo que quieras hacer lo puedes lograr. Dios quiere que seamos grandiosos. Eso lo aprendí en mis estudios bíblicos cuando era una niña: Dios quiere que seamos exitosos.

Y apréndete esto de memoria: Nadie, absolutamente nadie, puede quitarte esa corona.

En el camino de la vida siempre uno se encuentra con gente que te la quiere quitar. Eso le pasa a mucha gente que tiene ganas de empezar un sueño y alguien le hace un comentario negativo. Por ejemplo, quieres bailar y otro te dice: "¿Tú, con esos dos pies izquierdos, quieres bailar?". Entonces te escondes y no luchas más por tu sueño de ser bailarina. Permitiste que esa persona te quitara la corona, el valor y la gracia que por naturaleza tenemos los hijos de Dios. Uno tiene que ser más fuerte que eso.

Cuando alguien te ataca, te provoca o perturba tus sueños, tienes que decirle: "Perdón, tú no tienes el poder de quitarme mi corona. Esa corona de gracia me la dio Dios".

A veces hacemos lo contrario. Cuando alguien nos ataca decimos: "Sí, tiene razón, soy muy fea para estar aquí, mejor renuncio". No somos lo suficientemente fuertes para rebatirle a esa persona, o a lo mejor no lo hacemos porque no somos conscientes. Lo digo para que la gente entienda: el conocimiento te da poder. Cuando entendí que estaba en Univision, que lo que había pasado en mi vida era un regalo divino, que yo estaba ahí para inspirar a muchas niñas, para brindar esperanza, para enseñarles que no importa de dónde vienes, que no hay estereotipo que valga cuando tienes una misión en la vida, cuando luchas por lo que quieres, sentí una paz interior que finalmente me permitió recuperarme.

Reconocí que mi vida cambió, pero no para tener dinero en el banco, ni ponerme una corona, ni hacerle una casita a mi mamá, ni para que mis hijos tuvieran una mejor vida. Dios me dio esa oportunidad, ese triunfo, para ayudar a otros, los que en algún momento se han sentido, como yo, discriminados, sin posibilidad alguna de crecer, perdidos, feos, con autoestima baja, limitados; para que entiendan que esos límites no existen, que cuando encaminamos nuestros sueños de la mano de la fe, no hay nada que pueda detenernos. Reconocí eso y pude salir adelante y superar el bache tan grande en el que caí por el *bullying*.

Pienso que debe haber leyes que condenen y den cárcel o multas severas a quienes ataquen a una persona a través de las redes. Me parece algo sumamente bajo esconderse tras un perfil para tratar de quitarle y robarle sueños y todo lo bueno a una persona, en vez de alegrarnos, de celebrar el triunfo del otro y usarlo como inspiración para cambiar nuestras propias vidas. Esta es una realidad muy triste, que lamentablemente ha cobrado muchas vidas.

Una vez que me decidí a hablar del asunto sin miedo, recibí muchísimas muestras de solidaridad, el apoyo de cientos de personas que me hicieron sentir menos sola. Pero también existen cientos de muchachas y muchachos que sufren en silencio, arrinconados por el miedo y la vergüenza, mientras los responsables caminan tranquilamente por la calle sin recibir ningún castigo, al menos ningún castigo terrenal, porque el espiritual llega siempre, tarde o temprano.

Me fue muy difícil olvidarme de ese comentario tan fuerte a pesar de los otros comentarios positivos de apoyo. La gente me lo ha dado todo y yo no sabía cómo salir de ese dolor de sentirme fea y despreciada. En los momentos más duros, sin darme cuenta leía un texto que llegaba a mi teléfono como notificación de las redes sociales o alguien que se cruzaba en la calle me daba justo el mensaje que necesitaba en ese momento. Sé que Dios, a través de la gente, siempre me mandaba su mensaje de fe, de que seguía conmigo.

Él siempre sostiene mi corona.

Y nunca te olvides que la tuya también.

OCHO

Todo tiene su final

D urante todo este tiempo que has estado leyendo sobre mi vida, te he hablado de Rocky, mi esposo. Te conté que lo conocí en un supermercado, vendiendo ollas, cuando vivía en Nueva York y de lo importante que él fue en mi vida cuando decidí participar en *Nuestra Belleza Latina*.

Yo me enamoré de Rocky Lachapel porque me brindó seguridad.

Porque creyó en mí desde el día que me conoció.

Yo diría que Rocky creyó en mí incluso mucho más de lo que yo misma lo hice.

Pero, si las cosas ya venían mal de antes, comenzaron a ponerse peor después de que gané la corona. Siempre vi señales pero las ignoraba por miedo a quedarme sola y creo que a él le pasaba lo mismo. Incluso podría decir que la aventura de *Nuestra Belleza Latina* la vivimos como amigos.

Poco después de mi coronación, Rocky y yo comenzamos nuestra vida juntos en Miami. No fue fácil. Recuerdo que un día mi suegra me dijo que yo le había prometido un nieto y que, ahora que iba a mudarme a Miami, debía llevarme a Rocky conmigo. Por cosas como esa las redes sociales explotaban. Era increíble. Cada suceso o comentario, por insignificante que pareciera, daba lugar a dos bandos que se daban duro y se decían de todo. Finalmente, Rocky se vino a Miami y yo quedé más tranquila, porque él me daba rumbo y a su lado ya no me sentía sola.

Las cosas que no me gustaban de mi pareja pasaron a un segundo plano. No era exigente, porque ese era el patrón del amor que yo conocía. Pensaba: "Es una persona buena, no me va a hacer daño, lo quiero, me quiere y lo demás no importa".

Rocky iba a cumplir treinta y ocho años y yo veintisiete. Estaba encaminándome profesionalmente y en el ciclo de vida que yo siempre había imaginado, el paso siguiente era empezar una familia.

Sin embargo, un día me di cuenta de que en el futuro que yo soñaba no lo veía a él como el papá de mis hijos. A esa falta de empuje de la que les hablé páginas atrás, se sumaron muchas cosas más que me disgustaban. Pero hice algo que no le aconsejo ahora a nadie que haga; le seguí dando oportunidades. Yo entendía que estaba confundido, aturdido por el revuelo de la corona, y no tuve el valor de decirle lo que pensaba en el momento; no estaba lista para hacerlo. Me sentía muy comprometida y me preguntaba: ¿será que yo también me estoy dejando llevar por este momento?, ¿estaré confundida?, ¿estaré viendo las cosas mal? El hecho es que, honestamente, miraba atrás y solo veía nuestra amistad.

Nada.

Durante este proceso tan difícil en mi vida, las dudas se atropellaban en mi cabeza. Cuando pensaba en cómo me había ayudado durante *Nuestra Belleza Latina* y en la aventura de ganar la corona, sentía que estaba siendo desleal con él.

Separarme de Rocky iba a significar empezar de cero, mudarme otra vez con mis maletas a cuestas, una vida nueva. Además, él se había encargado de toda la parte de la casa, de las cuentas de banco y direcciones, mientras yo trabajaba, lo cual significaba que yo tendría que tomar el control de todo.

Lo veía como mi mejor amigo y él fue sintiéndose cómodo en ese papel. Sé que él quería ayudarme, pero eso lo alejó mucho del hombre que yo idealizaba.

EL PRINCIPIO DEL FIN

Rocky fue importantísimo en mi vida, pero hubo cosas de él que me desalentaron. Simplemente, dejé de admirarlo y de amarlo.

Todas las semanas se le ocurría un negocio nuevo y yo lo veía muy desenfocado pese a que podía concentrar sus esfuerzos en una sola dirección. A la par, yo seguía un camino con mis compañeros de Univision, que estaban muy comprometidos con sus tareas y sabían que el trabajo viene primero.

Dios sabe que le insistí a Rocky, lo aconsejé, traté de guiarlo. Hice todo lo que pude para que encontrara su rumbo.

Quería que ambos fuéramos exitosos. Pero cada vez nos alejábamos más. Discutíamos constantemente. Vivía ese dilema de la gente que quiere atrasar las cosas. Y si algo aprendí de esto es que mientras más te demores en tomar una decisión, más te demorarás sufriendo… Y más te demorarás para volver a ser feliz.

Ese día llegó el 14 de febrero de 2016. Todo el mundo andaba publicando fotos con sus parejas y yo, como figura pública, sentía la presión de hacer lo mismo y me desesperé. Él como hombre no había planeado nada para celebrar, y yo tampoco. Recuerdo que estábamos tirados en el sofá y yo sentía que Rocky sabía que ese era el día y que por eso no me dirigía la palabra. Pensé: "No voy a salir por ahí a fingir que todo está bien", y entonces él me dijo:

—Azuana, ¿y tú no piensas hacer nada para este San Valentín?

Percibí eso como un insulto, como que me mentó la madre, y saqué con un grito todo lo que pensaba:

—O sea, tú me preguntas qué vamos a hacer para San Valentín. ¿Tú planeaste algo?, ¿pensaste en algo? No, ¿verdad? ¿Y por qué no hay planes? Porque entre nosotros ya no hay nada.

Ya no hay nada. Esa fue la frase que selló el fin.

Y ya con una voz más calmada le expliqué:

—No soy feliz contigo, y tú tampoco conmigo —le dije. Sabía que eso era lo único que él no me podía rebatir.

Fui muy fuerte y muy dura, pero fue muy necesario ese mal momento.

UNA SEPARACIÓN PÚBLICA

Cuando él y yo terminamos se dijeron muchas cosas en los medios. Quiero aclarar que Rocky nunca me hizo nada malo. Nunca. Hice una entrevista con Jomari Goyso en la que hablé de mi distanciamiento de Rocky, pero no di detalles de la separación porque sabía que debía respetar a Rocky. Esa entrevista fue como tres meses después de separarnos.

Me dijo: "Habla de ti lo que quieras, pero no digas nada de mí. No sé cómo lo vas a hacer, pero no hables de mí".

Para mí eso era difícil porque ya nuestra relación era pública. Por eso, en la entrevista con Jomari solo pude decir poco por respeto a él y a su familia. Ahí sí aclaré que la corona no tenía nada que ver con la separación. Nuestro matrimonio se hubiera acabado así yo no hubiera sido Nuestra Belleza Latina.

Fue una situación muy tensa y yo, en medio de todo y para calmarla, pretendía que nos acordáramos de lo bueno que vivimos. Las parejas se divorcian, pero pueden seguir siendo amigas. Eso es lo que queríamos al principio, ser amigos, pero no es posible cuando la ruptura es tan reciente. Cada quien necesita tiempo para vivir su duelo.

Nos separamos el 14 de febrero de 2016, pero lo anuncié como tres meses después. El 14 de febrero le pedí que se fuera, pero sabía que eso iba a tomar un tiempo. Pero sí me esforcé en dejar claro que, bajo el mismo techo o no, solo éramos amigos. Así vivíamos, en una casa en El Doral.

EL DIVORCIO ETERNO

Puse una petición de divorcio, pero no se pudo concretar nada porque Rocky se había ido a la República Dominicana.

Finalmente, nos hemos quedado en eso: en líos de abogados. Al amigo que tuve, el de antes, lo aprecio y lo voy a querer siempre.

Tal vez en algún camino de la vida nos encontremos otra vez y podamos volver a ser amigos. El divorcio me llegó el día 5 de diciembre de 2017.

EL CAMBIO SIGNIFICA UN NUEVO COMIENZO

Ahora, uno puede cambiar, cómo no. Pero el cambio demanda un aprendizaje, y para aprender es necesario reconocer humildemente que no estás completa, que te falta algo, que hay un conocimiento que no tienes y que debes tomarte el tiempo y el esfuerzo para adquirirlo. Debes aceptar que estás mal y para mucha gente eso es muy difícil. ¿Crees que fue fácil para mí sentarme frente al espejo y decir, "Sí, hablo mal, estoy gorda, soy insegura, tengo baja autoestima, soy bizca, tengo los dientes torcidos"?

Para mirarte al espejo tal como eres, sin excusas y sin miedo, necesitas ser honesto y tener cojones. Pero también es importante estar segura de que admitir un error es ya parte de la solución: si tienes los dientes torcidos, te pones aparatos; si tienes la autoestima baja, buscas el origen de tus inseguridades, lo miras a la cara y le das batalla hasta prevalecer.

Es importante primero reconocer que hay problemas que

debía solucionar. Y, después de todo, lo entiendo. La resistencia al cambio es un asunto natural, porque es pesado abandonar tu rutina, tu tranquilidad, para resolver un problema que, además, siempre parece llegar justo cuando estás resolviendo otro. En eso se nos va la vida. Cambiar complica las cosas de alguna forma porque cuanto más fácil se nos pueda hacer la vida, mejor. Por algo, si eres bueno para las matemáticas y torpe para las letras, preferirás dedicarte a algo que tenga que ver más con lo primero que con lo segundo.

Sin embargo, hay otros asuntos a los que no podemos sacarles el cuerpo. Simplemente no podemos. Si tienes la costumbre de mentir, si te sorprendes, no sé, envidiando o saboteando a otros, te toca emprender la tarea ardua de cambiar esas cosas, una tarea que, por lo demás, es sobre todo espiritual. Si tienes el valor de enfrentarte a tus propias carencias y remediarlas, habrás hecho mucho, más de lo que te imaginas. En cambio, si te resignas a tus problemas, tarde o temprano llegará el día en que te acostumbrarás a vivir con ellos y a incorporarlos a tu vida.

Caminar con una piedra en el zapato es horrible, pero si no te detienes un momento a sacarla y tirarla lejos, con el tiempo hallas la forma de caminar con tu piedra y, peor aún, terminas encontrándola tristemente útil, porque podrás echarle toda la culpa a ella, y no a ti, el día que el mundo te exija correr y simplemente no puedas hacerlo.

NUEVE

Mirando hacia atrás para agarrar más fuerza

Yo no creo mucho en eso que dicen que no hay que mirar para atrás. A mí me gusta hacerlo para agarrar más fuerza. Recuerdo que a los pocos días de empezar a trabajar en *Despierta América* fuimos a Disney World a celebrar el aniversario del *show*. Cinco minutos antes de entrar al aire, miré a mi productora y le dije emocionada: "Hace justo un año yo estaba en mi cama mirando este programa. Viendo cómo celebraban el aniversario del año pasado. Nadie me conocía y yo soñaba con estar aquí. Y pensar que hoy, exactamente un año después, estoy aquí como conductora de este *show*...".

Algo parecido me sucedió cuando supe que al día siguiente llegaría al *show* Will Smith. En mis momentos más críticos en Nueva York yo buscaba en YouTube los videos de Will Smith para motivarme. Y al día siguiente iba a conocerlo.

Practiqué mi inglés toda la noche. Quería impresionarlo cuando le hablara. Estaba obsesionada con conocerlo. Cuando lo vi de reojo, me paralicé. Y cuando al fin hablé con él comprobé que mientras más grandes son las estrellas y más brillan, más humildes son. Will resultó ser mejor ser humano de lo que yo me había imaginado. Me dio el abrazo que más he gozado en *Despierta América*.

Todos sintieron que ese abrazo que le di era el abrazo de toda la comunidad latina.

A lo largo de este libro te he repetido que no creo en imposibles y quiero dejarte esa frase como una semilla sembrada en tu cabeza y en tu corazón: Que nada ni nadie te haga pensar que no vas a llegar.

Y más aún: que no puedes llegar.

Hace unos meses, Jorge Ramos, el periodista hispano más influyente de los Estados Unidos, aceptó que yo lo entrevistara. Y cuando dijo que sí, recordé cómo mi hermano y yo movíamos la antena de nuestro televisor allá en Azua para poder recibir la señal del Noticiero Univision. Se lo dije cuando lo tuve al frente. Le di las gracias por lo que hace por los inmigrantes, como yo, que un día llegamos a los Estados Unidos con ganas de cumplir el sueño americano. Y una vez más le agradecí a Dios que me haya dado el valor de luchar por lo que quiero.

Si no me hubiera atrevido a salir de mi país, no estaría hoy contándote mi historia. Una historia a la que te prohíbo que le agregues un… "Pero es que tú…". Yo he sido pobre, salí de un pueblo, no tuve amigos poderosos ni familiares ricos… y logré mi sueño.

Si yo pude, tú también puedes.

Tú vas a poder.

Justo me viene a la memoria una anécdota que quiero contar para que veas de qué material está hecho el camino hacia las metas cumplidas. Cuando estaba trabajando en la televisión dominicana, en la que hacía pequeñas intervenciones, supe que el dueño del canal enviaría a un equipo a México. Él apenas me conocía. Creo que ni sabía mi nombre porque me decía "Azuana".

Un día, lo esperé en la puerta del canal y cuando salió, lo detuve en medio de su séquito de seguridad y le dije: "Señor Gómez Díaz. Mi nombre es Francisca Méndez y yo quiero saber si estoy en la lista del equipo que usted mandará a México".

Me miró como diciéndome, "Mira esta, ¡qué atrevida!", pero solo atinó a decir lentamente: "Francisca, la azuana…".

A la semana yo estaba en México.

Estoy segura de que ese señor me metió en la lista de los viajeros por mi valentía. Y les cuento algo más: hubo muchos que cuando les conté la anécdota me llamaron loca. Pero la loca cumplió su sueño de llegar a México.

Si hay algo que me gusta más que que me llamen reina, es que me llamen loca.

Al igual que ese señor Gómez Díaz me ayudó a cumplir un sueño, en mi vida ha habido muchas personas que Dios me ha puesto para que vaya avanzando en el camino a conseguir los sueños que siguen. Uno de esos fue Jomari Goyso a quien hoy puedo llamar mi gran amigo.

A él le pedí que escribiera de su puño y letra cómo recuerda a aquella Francisca que se convirtió en algo más que su amiga.

La hermana que el destino me tenía en el camino
por Jomari Goyso

Recuerdo perfectamente la noche en que la vi por primera vez.

Regresábamos de cenar el día antes de las audiciones para *Nuestra Belleza Latina* en Nueva York. Las chicas se pusieron nerviosas a la vez que emocionadas al vernos. El día siguiente era su gran día. Habían soñado con ese día por mucho tiempo. Demasiados sueños que en solo un instante podían ser robados de su destino o, por el contrario, se harían realidad.

Francisca estaba sentada frente al frío de Nueva York. De las primeras en la fila, con una mirada llena de fe. Esa es Francisca. Todo ella es fe. Fe de que todo puede cambiar si uno lo cree. Recuerdo verla entrar a la audición y tener lo que muy pocas habían podido mostrar ese día: espontaneidad, naturalidad, rebeldía contra los estereotipos que te hacen creer que tú no puedes tener algo. Era fuego con humor. Siempre he sabido ver lo que se esconde detrás de su talento, detrás de su personaje, y con esa Francisca me conecté de por vida… con esa artista, que a pesar de sentirse frágil y con miedo, encuentra a través de su talento y su personaje la fuerza para seguir.

Cuando ya estábamos en la competencia, pensé que el miedo a lo desconocido iba a ser más fuerte que ella. La miraba, me miraba y en ese intercambio de cariño le intentaba regresar la fe. Todo el mundo hablaba y en sus comentarios mostraban su ignorancia, su racismo injusto, que es una enfermedad cultural que se aprende por ignorancia y se contagia con facilidad de generación a generación. Siempre supe que ella estaba puesta ahí por algo superior. Por eso tenía tanto impacto, como si el remedio de una enfermedad acabara de llegar para empezar a sanar. La belleza es un sentimiento que nos sana. Sentirnos bellos nos sana a todos.

Francisca tiene algo muy preciado que no se puede aprender, que solo se nace con ello, que es la humildad. Ese don que te hace querer aprender porque no te sientes superior a nadie y aunque no te salga como esperabas o no seas el ganador, te sientes privilegiado por haber llegado hasta ahí. Eso el público siempre lo percibe y aplaude, y no existe ningún maestro que te pueda enseñar eso: o lo tienes, o no.

Recuerdo el día de la final de *NBL*. Demasiadas emociones y tensión porque el público tenía miedo a aceptar que la belleza no es lo que ellos ven sino lo que la gente siente cuando te ven. Muchos criticaban y comentaban como si de un concurso de belleza simple se tratara, con tantos estereotipos y moldes que discriminan a tanta gente y hacen sentir fea a la mayoría de la sociedad. *Nuestra Belleza Latina* es la plataforma que transforma la manera en que vemos la belleza y sana a muchos millones de telespectadores con la historia de una cenicienta que termina siendo la reina, y esta vez, Dios la había escogido a ella, nadie más. Todos fuimos usados por Dios para cruzarnos en su camino y sanar mucha gente que jamás pensó que podían ser reinas y ella, ella les dio la señal de fe. De que sí, sí podéis ser reinas, porque tu color, tu nacionalidad, la textura de tu pelo o tus diferencias están creadas para ser una reina.

Recuerdo que estábamos en el último bloque del programa y nos fuimos a comerciales. Nosotros los jueces no sabíamos quién iba a ganar. Solo individualmente a quién le habíamos dado nuestro voto. El productor ejecutivo me mandó a llamar para que fuera a calmar a Francisca porque estaba que se desmayaba de la emoción al pensar que era la segunda finalista. Ahí es cuando me di cuenta de que ella era la ganadora. Por eso quería que la calme, para que no se desmaye cuando se lo digan, en vivo, en televisión nacional.

Corrí a la parte de atrás del set y ahí estaba, nerviosa y emocionada. ¡No paraba de decir que Dios era grande, era la segunda finalista! La miré y le dije: "Dios te ha puesto en este camino porque sabe que puedes soportarlo, respira, respira cuando sientas que no puedes ni pensar", y el resto es historia…

Lo que siempre les digo a todas las reinas que he conocido de *NBL*; este es mi número de teléfono. Llámame cuando te levantes llorando y estés deprimida o con necesidad de hablar. Sé que puede sonar raro que les dé mi número de teléfono para algo que suena tan negativo, pero en realidad cuando llegue el momento, se darán cuenta de lo contrario. Que como ella se siente, ya otras se han sentido así y ese gesto mío es mi regalo de amigo…

La llamada llegó y es muy difícil que alguien entienda por qué una persona que acaba de hacer realidad su sueño se pueda sentir mal. Es difícil de explicar, pero, por ejemplo, como a veces le digo a mi padre cuando él no entiende algo que yo veo diferente porque soy inmigrante y las experiencias en mi vida me hacen ver cosas diferentes que a él: nunca lo va a entender porque él no ha tenido esas experiencias en su vida, y eso es lo que lo hace tener esa perspectiva.

Tú lo único que ves es que el mundo ahora te trata diferente y tú peleas y peleas para ser la misma persona que llegó hasta ahí. Nadie te trata igual, y eso enloquece…

Mucha gente te trata mejor porque te reconoce, otros te admiran porque gracias a ti ellos han podido superar cosas y otros se sienten con el derecho de insultarte o darte un desprecio porque tu éxito les recuerda su fracaso.

Su mundo tambaleaba. Ella jamás volvería a ser la Francisca que todos conocimos esa noche en Nueva York en el frío, pero por el resto de su vida, va a pelear contra su ego para no olvidarse de esa chica que esa noche no le importó dormir en la calle por sus sueños.

Hubo una época en que me tenía muy preocupado. La veía ausente; la miraba y ella no me veía. Le intentaba hablar y ella evitaba contestarme. Ella sabe que a mí no me puede mentir. Cuando me mira, cuando me cuenta, solo puede ser honesta, estamos conectados de otra manera. La veía encerrada en un mundo en el que ella intentaba ser lo que los demás querían que ella fuera y eso, por experiencia propia, sé que es el comienzo del fin. El fin de todo…

Francisca me dejó de ver por un par de meses. Después supe que ya estaba a punto de separarse de su esposo y por eso me evitaba. No quería hablar del tema ni que yo se lo descubriera en sus ojos. Evitaba que me juntara con ella y su marido. Ella sabe que soy muy protector. Cuando decidió hacerlo público, fui yo quien le hizo la entrevista y fue ahí cuando reveló todo lo que estaba pasando.

Todo cambia y todos cambian, hasta los que te aman, pero lo único que uno puede hacer, es pelear por ser el mismo y alejarse de los que no están preparados para ser iguales. No es fácil alejarte de los que siempre han estado ahí, de los que tú quieres, pero cuando tienes que elegir entre tú y otros, siempre tiene que ganar uno. Muchos de ellos regresan más adelante en el camino cuando ese amor es verdadero.

Ya estaba en su sueño, en la televisión. Ahora tenía que enfrentar la realidad de la industria del entretenimiento; la misma gente que un día te aplaudió ahora se asusta porque se da cuenta de que su puesto puede ser tuyo, su público puede amarte más que a ellos y, como en todos los trabajos, nada es como lo soñaste, la realidad es otra.

Espero un día, en muchos años, sentarme a leer esto cuando estemos en alguna de nuestras peleas de hermanos y reírme yo mismo al darme cuenta de que todo en la vida es una prueba de resistencia. No importa si no te ves por un año, sino el abrazo de cariño que te das por un segundo. No importa si te peleas, sino ver el cariño puro de la reconciliación. Francisca tiene talento y un ángel que hace que la gente, a través de ella, sienta emociones. Así que hay Francisca para rato…".

DIEZ

De hoy en adelante

Han pasado más de dos años desde el día en que Javier Poza gritó mi nombre al anunciar la ganadora de *Nuestra Belleza Latina 2015*, y algo tan extraordinario como eso podría parecer el final definitivo de una historia. Pero la historia continúa y se sigue contando todos los días, con nuevos retos, nuevos sueños, buenos y malos ratos que uno debe agradecer por igual, porque de todo se aprende.

Siempre pienso en los cuentos de hadas que terminan cuando el príncipe y la princesa se casan "y son felices para siempre", y no después. ¿No les parece eso sospechoso? Apuesto que la Cenicienta y el príncipe azul tuvieron unos cuantos problemitas conyugales, como cualquier pareja. Tal vez ella debía trabajar y no tenía con quién dejar a los chamaquitos; o el príncipe tenía la costumbre de dejar las medias regadas por el piso... Problemas así o más grandes que todos enfrentamos cotidianamente y que tiemplan nuestro carácter.

Agradezco las tantas bendiciones que he recibido en mi vida, la gente maravillosa que he encontrado, los amigos y amigas, los seguidores que dan sentido a mi trabajo, pero sé que la vida está siempre en movimiento y uno puede estar hoy en un lugar y mañana en otro. De modo que si tuviera que definir en qué estoy ahora, se me ocurre hablar de un proceso constante de preparación, que es la mejor manera de aceptar que la vida es un viaje que debe vivirse a plenitud más allá del destino que Dios tiene preparado para mí.

Ahora, más que nunca, debo crecer, echarle ganas, dar el cien por ciento, el doscientos por ciento, por las cosas que quiero en mi trabajo. Anteriormente, con toda la fiebre de *Nuestra Belleza Latina*, pues la novatada me respaldaba y cualquier error, cualquier cosa que yo hacía mal, se me justificaba, pero ahora ya pasé de ser la niña que se convirtió en reina a ser la reina que se convierte en una comunicadora y que todas las mañanas tiene la responsabilidad de dar su mejor cara, su mejor sonrisa, de prepararse para llevar un gran mensaje para informar a la gente, para dar alegría, para hacer que el público se olvide de sus problemas a través de *Despierta América*, la casa más feliz de la televisión hispana.

Mis días son, digamos, anormales. Es la verdad. Mi alarma suena a las cuatro de la mañana, cada mañana, y con una mueca en mi boca, así como de llanto, y mis ojos bien apretados, pido con todo mi corazón que la tierra me trague; bueno, que se trague mi celular para que no suene nunca más. Me encantaría quedarme acurrucada en mi cama quince minutos más, no porque no me guste lo que hago, sino porque tengo que ser bastante sincera: yo vivo mi sueño y amo mi trabajo, pero no creo que nadie logre acostumbrarse a levantarse a las cuatro de la mañana.

Así son mis días de lunes a viernes. Siempre, siempre es la misma película, un día tras otro. Claro, luego de levantarme, me cepillo los dientes, me doy un buen baño, me tomo mi tacita de café y estoy listísima para enfrentar mi día, para despertar a América. *Despierta América* ha sido mi gran oportunidad para aprender, para crecer como ser humano, como profesional, y una de las cosas más importantes es que cada mañana tengo ese contacto con toda la gente que me quiere y que cree en mí.

Ahora estoy en un proceso de preparación. Estos dos últimos años han sido para mí una eternidad por tantas cosas que han pasado, desde trabajar en *Despierta América* y hacer una novela, hasta grabar una película en la República Dominicana y un intento fallido de ser presentadora de un *show* como *La reina de la canción*, que también ocupó parte de mi tiempo porque viajé durante tres meses alrededor de todo Estados Unidos haciendo *castings* para las chicas. Cuando me separaron de ese proyecto aprendí que no me puedo desesperar. Me deprimí por eso, pero aprendí que no puedo olvidarme de todo lo maravilloso que Dios ha hecho en mi vida. Sé que vienen muchos *shows* más.

Dios ha hecho cosas increíbles conmigo, cosas que no son de este planeta, y sentirme mal o dudar por un momento de Su gracia y Su favor sería, me imagino yo, un golpe muy duro para Él. A ojos cerrados, siempre confío que cada cosa que pasa en mi vida, cada persona que llega y cada persona que se va, aparece en el momento correcto por la voluntad de Dios.

Bajo ese principio vivo y así mi ánimo nunca desfallece.

Tantas cosas me han pasado en estos dos años que me parece que tengo diez años trabajando en la televisión. Aprendiendo del ejemplo de todo lo que me ha sucedido desde *NBL*, honestamente me sentí como el que mucho abarca y poco aprieta. Ahora quiero apretar bien firme en mi faceta como conductora, me quiero preparar muy bien, me encanta el arte de entretener.

Inicialmente, solo quería ser actriz de telenovelas y películas; ese era mi gran sueño. De hecho, si no ganaba la corona, mi plan estaba bien establecido: iba a irme a México a hacer ese sueño realidad, costara lo que costara. Pero a veces la vida pone personas en tu camino que te van guiando y enseñando dónde tienes que estar. Ojo, este tipo de cosas —gente que te da lucecitas o va moviendo fichas en tu vida, colocándote en un lugar que nunca hubieras imaginado— va acompañado de lo que sientas tú y de cómo piensas que ese es tu lugar.

Lo digo porque lo de ser conductora en *Despierta América* se da por Luz María Doria, que Dios me puso como hada madrina; me pidió estar en su *show* junto con otras personas que también querían lo mismo. Ellos lograron que yo pudiera estar como conductora y trataron de separar de una manera muy bonita a Francisca de Mela, el personaje, y la gente nos acogió a las dos. Nos ven más bien como hermanas, no como si fuéramos la misma persona. Eso ha sido una bendición enorme. Mela fue tan decisiva en mi triunfo en *NBL* que por un momento sentí que podía hacerme una sombra de la que no iba a poder despegarme. *Despierta América* no dejó que eso pasara y ahora cada una de las dos tiene vida propia.

Ahora que hago eso cada mañana me siento más comprometida que nunca. Tengo muchas ganas de aprender, amo entretener a la gente y amo tener la oportunidad de inspirar sus vidas. A lo mejor, uno de esos días en que alguien se levanta con el pie izquierdo y me ve, siente que si yo estoy ahí, él o ella también puede llegar lejos.

Por el momento es lo que quiero hacer: seguir estudiando, conducir premios, hacer eventos especiales. Eso va más allá de lo bonito que la gente ve. Estar en televisión no es una labor fácil. Así como yo me levanto a las cuatro de la mañana, mi día no acaba, muchas veces, hasta las ocho o nueve de la noche. Porque debes tener la responsabilidad de mantenerte bien para estar en cámara, hacer ejercicio, estar pendiente de lo que pasa en la actualidad, estar en una constante búsqueda de información para poder llevar lo mejor, dormir temprano, hacer dieta. Mientras muchos salen de fiesta, tú estás en tu casa leyendo. Mientras otros están tomándose un día para hacer nada, tú estás haciendo mil cosas. Cuando vas a lograr algo en la vida o cuando te comprometes con algo —cuando encuentras realmente tu pasión—, entiendes el precio que tienes que pagar y calculas si lo vas a pagar o no.

Yo estoy muy feliz con lo que hago. Y quiero que mi mamá, mi hermano, mis hijos —que aún no tengo— se sientan muy orgullosos de mí. Quiero servir de ejemplo para ellos, que vean una madre, una hermana, una hija comprometida, enfocada, una buena persona, preparada, inteligente, responsable, solidaria, guerrera, incansable y feliz. Trato de que cada paso que doy en mi vida sea para eso.

TÚ TAMBIÉN TIENES UNA CORONA, CUÍDALA

Dicen que no debes esperar a que llegue el momento para ser feliz, sino que debes ser feliz para atraer el momento. En el momento en que estás ahora en tu vida debes comportarte como si estuvieras ya en tu momento ideal, y así empezarás a ver los cambios. Yo nunca he descartado la posibilidad de irme a Hollywood. De hecho, mucha gente me lo escribe a través de las redes, o en correos electrónicos. Pero honestamente no es un sueño que yo haya tenido, no fue algo que le pedí a Dios cuando me tiraba a soñar en el techo del baño de mi casa. No lo recuerdo así. Siempre pedí, sí, ser actriz de telenovelas, pero en este punto de mi vida, con tantas cosas que me han pasado, con tantas lecciones hermosas que Dios me ha dado, no creo que exista un imposible para mí y no creo —ni quiero ni me permito creer— que existan imposibles.

Por el momento, voy a echarle muchas ganas a la conducción, me gustaría tener mi propio *show* de entrevistas donde haya mucha diversión y quisiera seguir volando. Seguir volando. Eso es algo muy cierto: una vez que logras algo te sientes invencible. Pero no te tiene que ser algo súper significativo, como salir en todos los periódicos, convertirte en presidente de los Estados Unidos o ganar una corona como *Nuestra Be-*

lleza Latina. Yo pienso que las cosas grandes empiezan con cambios pequeños. Las cosas grandes empiezan a acomodarse cuando te acostumbras, cuando vas haciendo hábitos pequeños. Ese es un consejo que me ayudó mucho cuando estuve en todo el proceso de preparación de *Nuestra Belleza Latina*, y es lo que trato de hacer también todos los días. Los cambios no tienen que ser repentinos.

Por ejemplo, si tengo el problema de llegar tarde —que honestamente lo he tenido— porque no puedo levantarme a las cuatro de la mañana para llegar temprano al trabajo, lo que hago para cambiar eso es levantarme a las 4:30 una semana; la semana siguiente a las 4:15; y la semana siguiente a las 4 en punto. Así me voy habituando poco a poco hasta conseguir mi objetivo de levantarme a tiempo sin refunfuñar porque quiero quedarme en cama. Además, cuando hago las cosas así es más probable que los buenos hábitos se queden conmigo por mucho más tiempo. Lo más importante es tener la disposición, la entereza y la determinación para llevarlos a cabo. No hay nada más poderoso que la voluntad. Cuando la tienes nada puede detenerte.

Siempre tengo unas alas invisibles que la gente no puede ver, pero yo las siento, claro, aparte de la corona que me regaló Dios al momento de mi nacimiento y que todos tenemos. Esto es algo en lo que quiero hacer mucho hincapié. Se trata de una corona de honor, de gracia, de favor, que yo no permito que nadie me quite.

En ocasiones me la han quitado, como cuando sufrí *bullying*, o cuando pensé que iba a quedarme en el restaurante toda la vida. El miedo, la desilusión, la desesperación y la rabia también me quitaron la corona, así como las personas que te dicen que no puedes hacer algo. Cuando te dices, "Es cierto, no puedo hacer esto", cuando te resignas ante una circunstancia, ahí es cuando entregas tu corona.

Pero lo más hermoso, la buena noticia, es que siempre puedes recuperarla cuando tienes la voluntad, cuando recobras la entereza, cuando te llenas de determinación y vas detrás de lo que quieres. Cuando alguien o algo trata de quitarte tu sueño, tú tienes el poder y la fuerza de decir: "Discúlpame, pero tú no me vas a quitar mi corona. Tú no tienes razón en lo que estás diciendo". Y esto no significa que te tienes que llenar de rabia, resentimiento y odio contra los demás, y victimizarte porque alguien te dijo que no podías lograr tu objetivo. Eso tampoco te hace bien. Nada de lo que hagas debe tener una carga negativa. Si te impones un objetivo para que otros vean cuán equivocados estaban, entonces terminas haciendo cosas en función de otros. Si te compras un auto caro para que otros te vean montada en él, estás dejando que esas personas y sus opiniones decidan sobre tu vida. Si haces una comida para demostrar que eres mejor anfitriona que cualquiera, si el placer de hacer algo bueno es ver a otros padeciendo algún tipo de vergüenza o humillación, entonces estás actuando por las razones equivocadas.

Todo lo que hagas, incluso sin la aprobación o contra la opinión o la burla de otros, debes hacerlo por amor. Esa es la única razón que importa.

Si alguien no creyó en ti o no vio algo que tú sí pudiste ver, te corresponde hacer lo posible por iluminar su vida con el ejemplo de que hay cosas que parecen imposibles y no lo son. De esa forma, su escepticismo o su error dan lugar a una lección que, si la aprovechan, puede hacerlos crecer como personas. Si ves así las cosas, sentirás la bendición de poder hacer algo incluso por quienes en algún momento te han herido. Es sencillo dar amor a quien te ama, pero dárselo a quien no lo hace es la prueba más dura de tu fortaleza.

Recuerda esto: Si algo todavía no se ha hecho, no significa que no se pueda hacer. Sé consciente de que incluso para los expertos hay un gran margen de error. No todos pueden entender lo que tú quieres ni de qué tratan tus sueños, porque ellos no los sienten. Si ellos pudieran sentirlo, entonces Dios habría puesto el sueño en su corazón y no en el tuyo.

Yo siempre tengo eso en mi cabeza y con esa certeza puedo ver siempre mi propósito. Cuando estoy triste, cuando me desanimo, cuando no he querido ir a *Despierta América*, cuando incluso, como muchas veces, he pensado en retirarme, cuando he pensado que ese mundo no es para mí porque alguien a mi alrededor ha sembrado dudas en mi corazón y ha tratado de quitarme mi corona, me convenzo de que yo soy la única capaz de entender mis sueños y luchar por ellos, así como tú eres capaz de entender y luchar por los tuyos. Siempre tengo mis alas porque yo siempre estoy lista para volar y trato de no tener miedo nunca.

Aunque tenga miedo, me antepongo a ese sentimiento. Es algo bello y mágico porque el miedo desaparece como si nunca hubiera existido. Te invito a que lo hagas. Ahora estoy en *Despierta América* aprendiendo, dando lo mejor de mí, pero tengo mis alas puestas para volar, cuando Dios me lo diga, en busca de otro gran sueño.

De eso se trata la vida, de ir detrás de lo que quieres, de lo que te hace feliz a ti. De llevar en alto tu corona y no dejar que nada te detenga...

Porque en tu camino al éxito no puedes permitir que nadie, absolutamente nadie, te quite la corona que le puso Dios a una reina como tú.

Carta a la niñita de Azua

Este libro, que me ha dado la gran oportunidad de repasar mi vida, me ha hecho recordar cosas que hoy cobran todo el sentido posible. Siempre he ido por la vida como la protagonista de la novela. Pensaba que a mí me podían pasar esas vainas que pasan en las novelas. Y hoy en día batallo para que no se me quite eso. Para que nunca pase a ser la segundona de mi propia historia.

Uno no puede dejar de creer. Eso es lo más maravilloso de la vida. Si dejas de hacerlo le quitas la magia a la vida.

Y en este momento, me gustaría volver a aquel techo de mi casa en Azua, para tener al frente a esa niña gordita que le contaba sus sueños a las estrellas, para poder decirle lo siguiente.

Querida Francisca:
Hoy te quiero abrazar muy fuerte y te quiero decir que
te quiero tanto que desde que bajé por última vez de ese

techo no he hecho otra cosa que tratar de que tú seas cada día más feliz.

Porque sé que allá arriba no lo eras. Querías cambiar tu vida y por eso le soltabas al universo todos tus deseos. Ya aprendimos las dos que cuando sueltas tus sueños al universo, y te esfuerzas trabajando por ellos, el universo te los devuelve cumplidos.

Cada día tú y yo nos parecemos menos. Y es que yo he querido sacarte de la cabeza todas esas ideas con las que creciste. Te recuerdo como una niña fatalista que confundía cualquier festividad con el fin del mundo. Que siempre tenías la felicidad amarrada a la desgracia y que cada vez que había una rachita de buena suerte, venía la pregunta de rigor: "¿Será que nos vamos a morir?".

Teníamos una cómplice que se llamaba Susy. Así se llamaba aquel diario que nadie podía leer. Tú estabas segura, en tu bendita ignorancia, de que lo iban a descubrir cuando el mundo se acabara y así Francisca Méndez llegaría a ser muy famosa. Aún no sé quién iba a descubrirlo si el mundo se iba a acabar. Solo sé que el diario existe, que mi mamá tiene prohibido leerlo y que no se tuvo que acabar el mundo para que fueras famosa.

Te recuerdo como una niña muy triste. Y hoy que trabajo en la casa más feliz de la televisión hispana en los Estados Unidos, le doy gracias a Dios que me permitió quitarte esa tristeza.

Una vez una amiga me dijo algo que nunca olvidé: "A la gente no le gusta estar al lado de la gente triste".

Y entonces decidí que iba a cambiar. Todo en la vida depende de una decisión. Tú sacas la fuerza dependiendo de la decisión que necesites tomar.

En lo que aún nos parecemos es que sigo creyendo en el amor como tú y estoy más abierta que nunca a conseguirlo. Recuerdo que Mami me contaba que perdió a un gran amor porque no era de su condición social. Sí, a Mami la separaron de un novio rico y una vez me dijo que yo no me podía fijar en un muchachito con dinero porque no era de mi clase. Mami no quería que yo sufriera. Ya no creo en eso. No creo en razas ni en condiciones sociales. Estoy orgullosa de mis raíces haitianas y sé que cuando hay amor no importan ni los colores, ni las religiones ni las nacionalidades.

Y, al igual que tú, sigo pensando en esos hijitos que sueño que me llamen "mamá" y por los que tuve el valor de salir de mi país para cambiarles el destino.

Nunca me voy a olvidar de ti porque gracias a la vida tan triste que tuviste, entendí que tenía todo el derecho a conocer la verdadera felicidad.

Hoy vives en mi corazón, niñita de Azua.

Y lucharé siempre para que nunca más en tu vida vuelvas a ser infeliz.

AGRADECIMIENTOS

Gracias a:

Mi amado público por su cariño y apoyo desde que nos conocimos en *Nuestra Belleza Latina* —gracias a ustedes vivo todos los días mi sueño hecho realidad.

Mi madre por siempre estar presente dándome su apoyo incondicional.

Mis hijos, porque aunque aún no los tengo, el solo pensar en la posibilidad de tenerlos me ha impulsado a luchar muy duro para que ellos puedan tener una vida mejor.

Luz María Doria por creer en mí y apoyar mi talento.

Alejandro Chabán por animarme a escribir este libro, y por hablarme siempre con la franqueza que solo un amigo de verdad puede hacerlo.

Jomari Goyso por tener siempre las palabras perfectas cuando más las he necesitado.

El señor Edwin Martínez por haber sido un ángel para mí en los momentos más difíciles.

AGRADECIMIENTOS

Mis compañeros y amigos de *Despierta América* por compartir tantas experiencias y momentos inolvidables.

Mela, porque sin ella no estuviera donde estoy.

Univision por darme tantas oportunidades en mi carrera. Sobre todo, gracias por dejarme entrar en la casa de los hispanos todos los días.

Omar Fajer por haberme impulsado a escribir este libro.

Mi querida editora, Johanna V. Castillo, por la comprensión y la paciencia. Por hacerme tan fácil el proceso de escribir la historia de mi vida y por mantener la calma aunque el mundo se estuviera acabando y siempre darme la seguridad de que todo iba a salir bien.

A la editorial Atria Español por haberme dado la oportunidad de compartir por medio de este libro mi vida y así inspirar a otros a creer en sus sueños.

Y una vez más, gracias, Dios, porque sin ti no estuviera aquí.